EN ASIE

KACHMIR ET TIBET

ÉTUDE D'ETNOGRAPHIE ANCIENNE ET MODERNE

PAR

OLLIVIER-BEAUREGARD

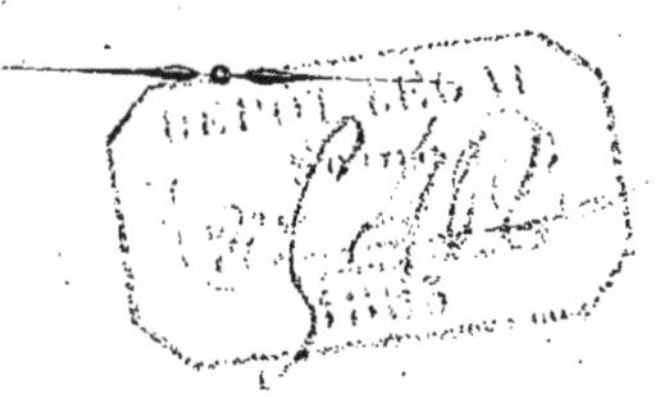

PARIS

MAISONNEUVE et Cie, LIBRAIRES-ÉDITEURS

(ANCIENNE MAISON TH. BARROIS)

25, QUAI VOLTAIRE, 25

1883

PRÉFACE

Voici, divisé en quatre parties et dans les conditions
particulières que lui ont faites les circonstances de discussion où il s'est produit à la Société d'anthropologie,
un travail de recherches et de constatations ethniques.

Entrepris d'abord à titre purement complémentaire de
détail de mœurs à propos de populations asiatiques dont
la civilisation, toujours indécise, semble laisser tout grand
ouvert, pour ou contre elle, le chapitre des conjectures
les plus discordantes, ce travail, dans sa première partie,
n'est, à proprement parler, qu'un ensemble de souvenirs
évoqués d'études classiques et de lectures accidentelles.

Suffisant, du moins je le croyais, pour l'œuvre modeste à
laquelle je le destinais, cet ensemble de ressouvenirs n'a
pas répondu, paraît-il, aux légitimes exigences de tous
les membres de la docte compagnie à laquelle il a été
présenté et des observations se sont annoncées peu après
la lecture qui en fut faite.

C'est à propos de quelques détails d'exposition et plus
particulièrement à propos de la valeur ethnique attribuée
à un îlot de population disparate émergeant au nord du

Kachmir sous la dénomination géographique et purement conventionnelle de *Dardistan*, que des critiques se sont produites.

Le second mémoire de ce recueil s'emploie à faire justice de ces critiques et à démontrer historiquement l'origine mongole de la plus grande partie des populations bigarrées du Dardistan.

Le troisième est à peu près tout entier consacré à la polyandrie. Il en dit la raison d'être et les funestes effets au Tibet et en signale la pratique accidentelle et lointaine chez les Aryas-Hindous du nord de l'Inde.

Présentées ici en quatrième partie, et sans avoir été communiquées à la Société d'anthropologie, quelques pages, sous la rubrique : *Un dernier mot à M. de Ujfalvy*, répondent à des observations par lui tardivement produites ; elles cloront, je l'espère, cette campagne d'ethnographie poursuivie par nous en fourrageurs, à travers les âges et les mœurs des populations, toujours assez mal définies, de la haute Asie.

Juin 1883.

EN ASIE

KACHMIR ET TIBET

ETUDE D'ETHNOGRAPHIE ANCIENNE ET MODERNE

A la précédente réunion de la Société d'anthropologie — 16 mars 1882 — M. de Ujfalvy, récemment revenu du Kachmir et du Tibet, a fait, avec son entrain habituel, le pittoresque récit de son lointain voyage.

Notre collègue nous a parlé de la navigation sur les outres, d'un incident d'immersion ; il a énuméré les mensurations qu'il a pratiquées et nous a dit les applications ethniques qui, dans son esprit, en découlent ; il a parlé de la polyandrie au Tibet et d'un stigmate circulaire que portent sur le vertex les Tibétains des deux sexes ; enfin, par une insinuation pleine de bonhomie, il a si bien su aiguiser notre curiosité à l'endroit des dames asiatiques, que le colloque s'est franchement ouvert entre nous sur le commerce qu'elles feraient, en concurrence avec les danseuses et les bayadères, de tout ce qu'elles ont d'aimable.

La plupart des sujets qu'a touchés M. de Ujfalvy appellent, à mon avis, ici des observations, là des distinctions et ailleurs des compléments. Je demande à m'en expliquer.

Il est telles parties des communications de M. de Ujfalvy qui ne me retiendront pas longtemps ; d'autres, au contraire, et c'est la plus grande somme, voudront quelques développements. En tous cas, c'est un peu de temps et de patience que je sollicite de votre bienveillance, espérant bien, s'il vous plaît de m'entendre, que vous n'aurez pas à le regretter.

I

La navigation au moyen des outres est une confidence qui
ne peut point nous arrêter. Ce mode de navigation est pour
nous tous ici un souvenir d'école, un écho déjà vieux de
deux mille deux cents ans. Quinte-Curce, le classique Quinte-
Curce, nous a appris à tous que l'armée d'Alexandre de Ma-
cédoine a traversé l'Oxus sur des outres [1], et la Seine à Paris
nous donne journellement le spectacle de cette navigation
primitive [2].

II

L'anecdote héroï-comique de l'immersion de la dame tibétaine et de son sauvetage par un officier anglais doit, au
contraire, à mon gré, attirer notre sérieuse attention.

Dans son ensemble, cette aventure porte en soi une valeur
ethnique immédiate et réelle. Elle n'est plaisante ici que
parce qu'elle est hors de son cadre naturel. La transplanta-
tion en modifie l'aspect. C'est une étrangère produite à l'im-
proviste dans un milieu français. Sa gaucherie nous amuse.
Il y a là pour nous une illusion d'optique ; nous voyons le
plongeon de la dame tibétaine à travers nos sentiments et
nos lois.

[1] *Q. Curtius*, liv. VII, chap. v.

[2] J'entends parler ici des trains de bois qui viennent à Paris par l'Yonne
et la haute Seine.

La pesanteur spécifique du chêne, surtout du chêne récemment abattu,
est supérieure à celle de l'eau ; pour maintenir en flottaison les trains com-
posés de poutres et de poutrelles de chêne, les expéditeurs ont soin d'y
attacher sur les flancs et aussi en tête et en queue un certain nombre de
barriques vides hermétiquement fermées.

Je n'ai pas à expliquer l'analogie dans l'emploi des barriques vides et
des outres.

Mais, pour un instant, faisons abstraction de notre éducation ; oublions ce sage axiome de notre droit civil, qui nous enseigne que la mauvaise foi et les mauvaises intentions ne se présument pas [1] et transportons-nous au Tibet, où il en est tout autrement.

Là nous verrons les dames qui nous ont été représentées comme tendres à la tentation du péché et toujours prêtes à s'y livrer, fort dignes au contraire, sans cesse épiées et d'ailleurs en état perpétuel de suspicion.

Un coup d'œil échangé avec un homme ; une conversation un peu prolongée avec un homme ; la rencontre fortuite d'un homme et d'une femme en cours de visite ; le fait de badiner avec les agréments des vêtements d'une femme [2] ; chacune de ces circonstances, frivoles à notre avis, constitue, dans l'Inde et les pays adjacents, le crime d'adultère au premier degré, et, pour l'expiation de ce crime, la femme peut subir une punition corporelle et l'homme, d'avance et nécessairement son complice, payer une amende assez forte aux maris offensés.

Justement dans le cas cité, la présomption d'adultère était, suivant le code des Gentoux, qui par Bénarès [3] reflète au Tibet, plus vivement accentuée.

Prendre et porter une femme dans ses bras sans résistance de sa part [4] constitue contre l'homme et la femme le crime d'adultère au troisième degré et le plus grave ; et il est certain que, pour sauver cette femme en danger, son sauveteur a dû la prendre à bras-le corps et la serrer sans résistance de sa part. Aussi, et dans ces conditions, c'est à bon droit — à bon droit tibétain, j'entends — que les maris de la dame immergée ont pu suspecter l'officier anglais d'intentions adultères et, pour ce fait, lui réclamer une indemnité.

Nous avons quelque chose d'analogue dans notre Occident.

---

[1] C'est l'adage du droit romain : *Ubi jus incertum, ibi jus nullum.*
[2] Code des Gentoux, chap. XIX, sect. 1.
[3] Walter Hamilton, *East India Gazetteer*, London, 1815, p. 813 A.
[4] Code des Gentoux, *loc. cit.*

On dit en Espagne : Ne touchez pas à la reine ! Or, il y a vingt-cinq ou trente ans, un accident arriva à la voiture de la reine d'Espagne. Elle allait faire une chute fâcheuse, quand l'officier de service la soutint et para la chute. Par le fait même de son intervention dévouée, l'officier espagnol, qui, comme l'officier anglais au Tibet, avait rempli son devoir d'homme de cœur, avait mérité la mort et il fallut un *indulto* royal pour le relever de la peine encourue.

Revenons au Tibet et au Kachmir.

III

M. de Ujfalvy a pratiqué ici et là des mensurations ; il a examiné autant qu'il a pu et d'aussi près qu'il a pu les bruns et les blonds et ses observations l'ont amené à conclure que les *Durdis* et les *Baltis*, dont quelques familles se rencontrent au nord du Kachmir et du Tibet où elles habitent, pourraient bien représenter de nos jours, par continuité, la souche des habitants primitifs du Kachmir et du Tibet.

Cette question ne se présente point à mon esprit aussi simple qu'elle paraît s'être offerte sur les lieux à l'esprit de notre collègue.

Je n'ai pas aperçu, dans l'exposé qu'il nous a fait de ses recherches ethniques au Kachmir et au Tibet, une préoccupation quelconque des exigences de l'antiquité historique, dont, ici comme ailleurs, il y a lieu cependant de tenir grand compte.

Je ne dis pas que l'antiquité historique fasse absolument échec aux acquisitions spéculatives de notre collègue ; mais il est certain que son intervention peut, sur pièces authentiques, mettre à la présence séculaire des *Dardis* tels qu'il nous les dépeint et sur les territoires qu'il leur assigne, un empêchement matériel d'une grande puissance.

M. de Ujfalvy n'est pas le seul voyageur qui confine les *Dardis* sur les territoires sis au nord du Kachmir, où il les désigne comme un des contingents de la primitive population de la haute Asie.

Klaproth, dans ses *Tableaux historiques de l'Asie*, ne fait aucune allusion aux *Dardis* quand il y parle du Tibet et du Kachmir ; mais l'itinéraire du Kachmir au Tibet que contient le second volume du *Magasin asiatique*[1], publié en 1826, signale les *Dardis* comme gens à craindre et dangereux[2], et, sur la carte de l'Asie centrale[3] qui parut dix ans plus tard, dressée sur les plans levés par ordre de l'empereur de Chine Khian-Loung, les versants septentrionaux des montagnes qui gisent au nord du Kachmir sont, par Klaproth, affectés aux *Dardis*.

Au Congrès international des sciences ethnographiques, en 1878, le docteur Leitner, de Lahore, a signalé de son côté à l'attention de ses nombreux auditeurs les *Dardis*, qui, à l'en croire, ont dû, à des époques qu'il n'a pas précisées, occuper le vaste territoire comprenant tous les pays situés entre Kaboul, le Badakhshan et le Kachmir. Ce serait, dit le docteur Leitner, un triangle ayant pour base Peshawer[4].

Enfin le colonel Prjévalski, dans son livre *Mongolie et pays des Tangoutes*, parle aussi des *Dardis*, dont il orthographie le nom *Daldis*[5], et voici le portrait qu'il nous fait du type *Daldis*[6] :

« Les Daldis ressemblent beaucoup plus aux mahométans[7]

[1] *Magasin asiatique ou Revue géographique et historique de l'Asie centrale et septentrionale*, par J. Klaproth, 2 vol. in-8°, 1825-1826.

[2] Klaproth, *Magasin asiatique*, t. II, p. 5.

[3] Carte de l'Asie centrale, dressée d'après les cartes levées par ordre de l'empereur Khian-Loung, par les missionnaires de Pe-King, et d'après un grand nombre de notions extraites et traduites de livres chinois, par M. J. Klaproth, 1836.

[4] Congrès international des sciences ethnographiques tenu à Paris en juillet et octobre 1878, 2° période, p. 615.

[5] Les Chinois n'ont pas l'articulation R, ils la remplacent par l'articulation L.

[6] N. Prjévalski, *Mongolie et Pays des Tangoutes*, traduit du russe par G. du Laurens. Paris, libr. Hachette et C°, 1880.

[7] Ce n'est pas là une appellation ethnique, pas plus que la dénomination de Kafirs appliquée aux Tibétains. Un musulman est un sectateur de l'islam et *kafir* signifie *infidèle* ; c'est la qualification que les musulmans don-

qu'aux Chinois. Ils vivent sédentairement et sont agriculteurs.

« Leur visage est plat et à pommettes saillantes, leurs yeux et leurs cheveux sont noirs. Les hommes se rasent la barbe et la tête, mais portent la queue comme les Chinois. Les jeunes femmes réunissent leurs cheveux sur la nuque et se revêtent avec une sorte de parure en cotonnade de forme carrée. Les femmes âgées ne font pas usage de cette coiffure, mais disposent leurs cheveux en tresses tombant sur les épaules. L'habillement des deux sexes est le même que celui des Chinois avec lesquels ils vivent. Leur religion est le bouddhisme..... Les Mongols disent des *Daldis* qu'ils sont de mauvaises gens et de petits esprits. »

C'est dans la province mongole de Han-Sou ou Kan-Sou que le colonel Prjévalski a rencontré les *Daldis*.

Cette province de Han-Sou ou Kan-Sou [1] est, par rapport au Kachmir, plus élevée dans le nord de 6 degrés environ, soit 150 lieues en ascension directe, avec un éloignement oblique vers l'est de plus de 20 degrés, soit 500 lieues.

Le colonel Prjévalski avertit d'ailleurs ses lecteurs qu'il n'a pu se procurer sur cette race aucun renseignement particulier [2]. C'est là une circonstance regrettable.

Apparentés par leur nom, les *Daldis* du colonel Prjévalski et les *Dardis* de M. de Ujfalvy s'offrent à nous avec des traits absolument disparates. Ceux-ci sont Aryas, ceux-là sont Mongols, et le résultat de l'enquête à laquelle je vais me livrer sera de faire des uns ou des autres des *Dardis* d'exil, des *Dardis* vaincus et transportés ; en définitive, un produit de valeur historique sans doute, un produit qui pour des études spéciales pourra, par sa présence ici ou là, indiquer

---

nèrent aux Tibétains, qu'ils ne purent ni soumettre ni convertir à leur foi religieuse.

Kafiristan veut dire tout simplement : la contrée des infidèles, par rapport aux musulmans.

[1] La prononciation aspirée de la première syllabe prête à ces deux transcriptions *han* ou *kan* une égale valeur.

[2] *Mongolie et pays des Tangoutes*, chap. ix, p. 173.

des faîts et en certifier la position, mais hors de portée comme originalité ethnique.

Quant aux *Dardis* de M. le docteur Leitner, nous savons tous quelle a été leur mésaventure.

Le docteur Leitner, pour rendre plus facilement intelligibles les communications verbales qu'il se proposait de faire au Congrès des sciences ethnographiques, avait pris soin de faire exécuter, au trait et en photographie, les plans, dessins et figures des contrées, des villes et des races diverses dont il aurait à parler. Cet ensemble de documents était à la disposition des intéressés. Or, l'examen que fit de ces plans, dessins et photographies M. le docteur Dally le convainquit que les types d'hommes représentés en photographie étaient en complet désaccord avec les indications verbales du docteur Leitner.

Au lieu du type arya, que, dans ses discours, le docteur Leitner donnait, avec le territoire supposé être celui des Aryas primitifs, aux *Dardis* dont il signalait l'existence au nord du Kachmir, M. le docteur Dally rencontrait un type hindou fortement caractérisé [1].

C'est sur ce même territoire qui a fourni au docteur Leitner ces types *Dardis* Hindous fortement caractérisés que M. de Ujfalvy a recueilli ses types *Dardis* Aryas aux yeux bleus et aux cheveux blonds.

Nous avons ainsi trois types de *Dardis*, tous les trois authentiques, mais dissemblables :

Type *Dardi* Mongol, du colonel Prjévalski ;

Type *Dardi* Hindou, du docteur Leitner ;

Type *Dardi* Arya, de M. de Ujfalvy.

Tous nous viennent en ligne directe de leur pays natal et par les parrains nous avons leur certificat d'origine.

Nous avons de plus l'embarras du choix.

Les notes écrites de M. de Ujfalvy nous fourniront-elles

[1] Congrès international des sciences ethnographiques, 2e période. Paris, juillet et octobre 1878, p. 614.

les éléments d'un accord parfait à l'usage particulier de ce brelan de *Dardis?*

Pour ma part, je l'espère.

Je n'en veux pas à l'existence des *Dardis*, tant s'en faut.

Ces *Dardis* peuvent avoir une valeur ethnique fort considérable. Si nous les trouvons en bon état de conservation, nous aurons en eux le type des *Darada* des auteurs sanscrits [1]. Ce serait là bien certainement une bonne fortune anthropologique et c'est tout justement en conséquence de l'importance de l'acquisition possible que nous devons être gens sceptiques et de précaution.

Le développement plus précis que donnerait M. de Ujfalvy aux indications un peu lâches qu'il nous a présentées à la hâte peut être l'occasion d'identifications capables de concilier des exigences qui semblent d'abord inconciliables.

J'en sais plus d'un exemple, et c'est avec le désir d'aider à la solution du problème qui se dresse devant nous, que je demande la permission de risquer ici quelques confidences arrachées par l'étude comparative à des livres qui me paraissaient d'abord n'avoir aucun rapport entre eux.

Ces confidences ne sortiront point du programme que les circonstances me tracent. Ce ne sera qu'une brève étude sur

---

[1] Voici la note de quelques identifications déjà acquises parmi les tribus Mletchas, qui comprennent toute tribu qui n'est pas indienne :

Les Pôudracas sont les peuples de Tchandail chez les Mahrattes ;
Les Ôdras sont les Ourîyas de l'Orissa septentrional ;
Les Dravidas sont le peuple du sud de la côte de Coromandel ;
Les Gambodjas sont les Arachosiens ;
Les Yavanas sont les Grecs ou Bactriens ;
Les Sacas sont les Saces ;
Les Pâradas sont les Paropamisiens ;
Les Pahlavas sont les anciens Persans ;
Les Tchinas sont les Chinois ;
Les Kirâtas sont généralement les montagnards ;
Les Daradas sont les Daradæ, les Dards ;
Les Khasas sont les Chasas, habitants du pays de Kachgar.
A. Langlois, *Chefs-d'œuvre du théâtre indien*, t. II, table alphabétique, au mot *Mletchas.* Voir aussi Abel Rémusat, *Nouveaux Mélanges asiatiques,* t. II, *Philosophie des Indous,* p. 335, et *Lois de Manou,* liv. X, stance 44.

une des peuplades qui, dans l'antiquité, ont occupé les territoires situés pour leur partie orientale à 1 100 lieues des
frontières occidentales de la Chine, pour leur partie occidentale à 150 lieues de la Sogdiane, et compris du sud au nord
entre la latitude du Kachmir et celle de Kachgar.

Il y a là de l'histoire, de l'histoire que l'on ne peut pas
supprimer même en faveur des *Dardis* authentiques que nous
recherchons ou plutôt dont nous recherchons l'antique de-
meure.

C'est cette histoire que je veux brièvement exposer; mais,
pour procéder avec ordre, sachons d'abord ce que, dans l'antiquité, peuvent pour les *Dardis* le Kachmir et le Tibet.

IV

Les annales qui nous restent sur le Kachmir sont tout
entières renfermées dans la *Radjatarangini* de Kalhana [1],
c'est-à-dire dans l'histoire des rois du Kachmir, histoire
écrite avec l'enthousiasme d'un poète d'Orient du douzième
siècle (1148), suspecte par conséquent d'exagération, mais
non de parti pris d'inexactitude.

Là, quoique, comme dans le *Schah-Namèh* de Firdousi, la
poésie domine l'histoire, nous pouvons cependant apercevoir
des enseignements qui ne sont point à négliger, et, par
exemple, nous devons croire que si Kalhana donne les *Nagas* pour premiers ancêtres aux Kachmiriens, c'est que
lui, poète national, a quelques bonnes raisons pour faire
cette attribution.

Le mot *naga* signifie *serpent*, *dragon*. Il désigne aussi
des êtres fantastiques mi-partis hommes et serpents, qui ont
leur place au ciel indien, mais nous ne devons pas nous
arrêter à la signification qu'a ce mot dans la langue courante;
il faut ne nous en préoccuper ici que pour la valeur ethnique qu'il représente dans l'ouvrage de Kalhana.

[1] *Radjatarangini, Histoire des rois du Kachmir*, traduite et commentée
par M. A. Troyer, 3 vol. in-8°, Imp. nationale, 1840-1852.

M. Troyer a traduit la *Radjatarangini* et il a fait suivre sa traduction de commentaires en tous points fort remarquables [1].

Ces commentaires, auxquels chacun de nous peut recourir, concluent, quant aux *Nagas*, en faveur de Kalhana et jusqu'à plus ample informé nous devons accepter la tribu des *Nagas* comme la tribu mère des tribus aborigènes du Kachmir. Les *Darada-Dardis* peuvent en sortir, mais c'est là une notion à acquérir et il y a des circonstances qui s'opposent à sa réalisation.

En effet, quant au Tibet, nous sommes sur le fait de l'origine de l'ensemble de sa population primitive plus sûrement renseignés que sur celle du Kachmir.

Nous savons d'où viennent les tribus qui ont, dans l'antiquité, peuplé les montagnes du Tibet ; sur une tribu centrale du Tibet, nous avons une légende qui en fait évidemment une tribu de *négritos* autochtones et nous trouvons la tribu des *Darada* inscrite seulement parmi les tribus avoisinant au nord la famille mongolo-tibétaine. C'est aux écrivains chinois et aux livres des bouddhistes que nous devons la connaissance de ces particularités dont je vais faire ici l'exposé.

Les historiens chinois, Ma-touan-lin en tête, nous apprennent qu'à une époque, maintenant vieille de cinq à six mille ans, les peuplades qui fondèrent l'empire chinois vinrent des contrées septentrionales, qu'elles durent défricher de grandes et profondes forêts, afin de conquérir le sol sur la primitive nature et pour avoir raison des sauvages habitants indigènes.

Ces sauvages indigènes qui, vivant dans les forêts, tenaient alors les contrées septentrionales de la Chine, sont dénommés par les chroniqueurs chinois *Y*, c'est-à-dire *Porteurs de grands arcs*, et aussi *Miao-Tseu*, c'est-à-dire *Fils des champs incultes*.

---

[1] Ces commentaires font suite au deuxième volume; consulter aussi la préface du troisième volume.

Toujours poussés de proche en proche, vers le sud, ces sauvages se réfugièrent dans les hautes et difficiles montagnes qui se pressent à l'ouest de la Chine, c'est-à-dire vers le massif tibétain [1].

Là, dans une position facile à défendre, ils ont pu avec des chances diverses maintenir jusqu'au milieu du treizième siècle de notre ère leur complète indépendance [2].

A la première appellation de *Miao-Tseu* a succédé dans les mémoires de la Chine la dénomination de *San-Miao*, c'est-à-dire les *Trois (tribus de) Miao*. Plus tard le mot *Khiang* désigna l'ensemble de toutes les tribus tibétaines, et la contrée par elles occupée fut indifféremment appelée *Si-Jound*, c'est-à-dire *Pays des barbares occidentaux*, et *Kouei-fang*, c'est-à-dire *Pays des démons* [3].

Les Tibétains ont sur leur origine une légende qui, je le crois, est d'invention bouddhique. Dire pourquoi je crois cette légende d'invention bouddhique serait trop long, et d'ailleurs hors de propos [4], et je donne ici la légende telle que je la trouve dans les *Tableaux historiques de l'Asie* par Klaproth :

« Ainsi que toute la nation tubétaine, dit ce sinologue, les *Khiang* prétendaient être issus d'une espèce de grands singes. Encore aujourd'hui la partie moyenne du Tubet s'appelle *Pays des singes*. D'après les ouvrages des bouddhistes, ses habitants descendent du singe *Sarr Metchin* et de sa femelle *Raktcha*. Ils se glorifient de cette origine et se croient plus anciens que les autres hommes. Jæhrig, qui pendant

---

[1] *Chine,* par G. Pauthier, 1ʳᵉ partie, in-8°. Paris, Firmin Didot frères, 1837.

[2] C'est Ou-liang-ou-taï, lieutenant de Mangou-Khaân, qui en 1253 pénétra dans le (Tou p'ho) Tibet à la tête d'une armée considérable.

En 1209, Dchinghis-Khaân avait déjà conquis la partie septentrionale du Tibet, qui est le Tangut (Marco Polo, G. Pauthier, 2ᵉ partie, chap. cxiv, p. 370, note 1). Le Tibet est passé sous la suzeraineté de la Chine en 1648.

[3] Klaproth, *Tableaux historiques de l'Asie*, p. 131.

[4] Voici cependant une indication sommaire : les tribus dont il va être question ayant été maudites par le Code des lois de Manou et les écrits brahmaniques, cette malédiction dut être pour les bouddhistes une raison de les préconiser.

longtemps a vécu avec les Mongols à la frontière russo-chinoise, prétendait que les traits des Tubétains offrent une grande ressemblance avec ceux des singes. Cette ressemblance, disait-il, se montre principalement chez les vieillards qui parcourent souvent la Mongolie comme émissaires du clergé du Tubet [1]. »

Cette légende est intéressante à plus d'un titre, mais je n'en veux ici retenir que l'enseignement que voici : les hymnes du Rig-Véda abondent en désignations ethniques, et justement, au nombre des peuplades que maudissent presque à chaque stance les hymnes védiques, je trouve les *Mletchas* —barbares, hommes sans caste — et les *Rakchasas* — autres barbares, peuple de voleurs. — Et, sans crainte de nous trom-per, nous pouvons identifier les noms de *Mletchas* et de *Rakcha-sas* à ceux de *Metchin* et de *Raktcha* que portent dans les livres des bouddhistes, invoqués par Klaproth, le singe mâle *Metchin* et sa femelle *Raktcha,* donnés comme générateurs des tribus centrales du Tibet.

Abel Rémusat, après Ma-touan-lin, nomme comme tri-bus du Tibet : les *Yang-Thoung*, les *Si-li* et les *Thang-Kirou-pa* [2]; mais ce ne sont là que des tribus partielles qui relèvent de l'origine première des tribus du Tibet, qui sont généralement mongoles.

Le P. Huc, dans son *Voyage au Tibet*, mentionne *Tsong-Kaba ;* mais c'est là un réformateur, et un réformateur mo-derne, puisqu'il réforme le bouddhisme, qui date au Tibet du septième siècle de notre ère [3], et non pas une tribu.

En tout cela je ne vois ni *Dardis* ni *Baldis*, et je ne sais rien de plus qui soit spécial à l'origine des Tibétains.

---

[1] *Tableaux historiques de l'Asie depuis la monarchie de Cyrus jusqu'à nos jours*, 1 vol. texte in-4° et un atlas de 27 cartes in-folio.

[2] Abel Rémusat, *Nouveaux Mélanges asiatiques*, t. 1er, p. 190, 191, 192.

[3] Le Tibet est divisé en quatre grandes provinces, nommées *Om, Dzang, Kam, Ari* (Klaproth, *Magasin asiatique*, t. 11, p. 200).

V

Mais, sur les tribus diverses qui ont avoisiné à une autre époque les contrées dont une partie dépend aujourd'hui du Tibet, les géographes chinois nous fournissent des indications qu'il nous faut noter ici tout spécialement et étudier avec un soin particulier, car, comme nous l'avons vu, c'est surtout la question de voisinage qui nous intéresse.

Il s'agit, en effet, de savoir qui, dans l'antiquité, des peuples historiques que je dénommerai tout à l'heure, ou des *Dardis* de Klaproth, du docteur Leitner et de M. de Ujfalvy, — quels que soient d'ailleurs chez ces *Dardis* le poil et l'ouverture de l'angle facial — a occupé les territoires que M. le docteur Leitner a spécifiés ainsi : « Dans le sens le plus large, le *Dardistan* comprend les pays situés entre le Kaboul, le Badakhshan et le Kachemyr. Ce serait un triangle ayant pour base Peshawer[1]. »

Dans ces conditions de délimitation, le *Dardistan* serait l'ensemble des contrées le plus ordinairement et pour des temps anciens dévolues — à tort ou à raison, je ne veux pas le savoir ici, — aux Aryas-Bactriens.

A la question ainsi posée nos classiques : Hérodote, Ctésias, Justin, Pline, Ptolémée, Strabon, Méla, Diodore, doublés aujourd'hui de l'érudition des géographes chinois, répondent : *Gètes* et *Massagètes-Amazones ;* MM. Leitner et de Ujfalvy répondent : *Dardis.*

Je vais, par un court exposé, faire comprendre que dans l'antiquité et même jusqu'au treizième siècle de l'ère moderne les territoires dont nous nous occupons ont été tenus par les Gètes, les Massagètes et leurs congénères, et il nous faudra alors ou accommoder les *Dardis* à la Massagète, c'est-à-dire identifier les deux peuples, ou renoncer à nous repré-

---

[3] Congrès international des sciences ethnographiques tenu à Paris, juillet et octobre 1878. Paris, Imp. nationale, 1881, p. 615.

senter les *Dardis* comme nous offrant, sur son berceau primitif, la descendance d'une antique tribu de premier essor.

L'écrivain chinois Ma-touan-lin, parlant des contrées situées au-delà des frontières occidentales de l'empire chinois, signale tout spécialement, sous le nom de *Youei-chi* [1], deux tribus nombreuses assises à peu de distance l'une de l'autre.

De ces deux tribus, l'une est indiquée sous la dénomination de *Grands Youei-chi* et l'autre de *Petits Youei-chi*.

Les *Grands Youei-chi* [2] sont établis à 11 600 ly ou 1 160 lieues environ de la frontière occidentale de la Chine, et se trouvent éloignés de quarante-neuf jours de marche — 150 à 200 lieues — du *Khang-kiu*, qui est la Sogdiane [3].

Déterminant la position de *Khôkhan*, Klaproth écrit :

« L'ancien royaume de *Ta-wan*, qui est le *Khôkhan* de nos jours, avait au nord celui de *Khang-kiu* — qui est la Sogdiane, — à l'ouest les *Grands Yuei-tchi* [4]. »

Les *Petits Youei-chi*, dit Ma-touan-lin, avaient pour capitale la ville de *Fou-leou-cha*, Peshawer ; cette ville est au sud-ouest de *Pho-lo*, qui est Balkh. Ils habitaient primitivement entre *Si-phing* et *Tchang-ye*; leurs habillements avaient beaucoup de ressemblance avec ceux des *Kiang*, c'est-à-dire les Tibétains [5], auxquels ils ont même été mêlés [6].

Les villes de *Si-phing* et *Tchang-ye* sont situées au nord-ouest du *Chen-si* et le *Chen-si* est une des provinces occidentales de la Chine ; sa capitale est *Si-ngan-fou*, dont la position géographique s'exprime par 34°16′45″ latitude nord et 106°37′45″ longitude orientale [7].

---

[1] Ou *Youei-ti*, Abel Rémusat, *Nouveaux Mélanges asiatiques*, t. Ier, p. 220, note 3.

[2] En chinois, *Ta-youei ti*, Grands Gètes, équivalent de Massagètes (Abel Rémusat, *ut supra*).

[3] Abel Rémusat, *Nouveaux Mélanges asiatiques*, t. Ier, p. 221.

[4] Klaproth, *Magasin asiatique*, t. Ier, p. 83.

[5] Abel Rémusat, *Nouveaux Mélanges asiatiques*, t. Ier, p. 224.

[6] Abel Rémusat, *Nouveaux Mélanges asiatiques*, t. Ier, p. 221.

[7] Abel Rémusat, *Nouveaux Mélanges asiatiques*, t. Ier, p. 224.

Au commencement du septième siècle de notre ère, les *Grands Youei-chi* avaient réussi à faire mettre un des leurs sur le trône du *Khang-kiu*, qui est la Sogdiane [1].

Enfin, parlant du *Grand-Wan*, qui est le *Fargana*, l'auteur chinois dit que ce royaume se trouve voisin de la Sogdiane au nord et du pays des *Grands Youei-chi* au midi [2].

Toutes ces indications topographiques placent les *Grands* et les *Petits Youei-chi* [3], en prolongement de leur point de départ qui est le nord-ouest de la province de *Chen-si*, au nord-ouest du Kachmir et au nord du Tibet pour la partie antérieure de leur territoire.

Avec une compétence sans conteste et une persévérance d'ailleurs heureuse, Abel Rémusat a étudié une à une et aussi dans leur ensemble le plus grand nombre des langues tartares [4]; au cours de son travail, il a su, avec un luxe tout à fait édifiant d'érudition et de preuves, identifier les *Grands Youei-chi* avec les Massagètes et les *Petits Youei-chi* avec les Gètes de nos auteurs classiques, et dans une note il fait observer que le nom chinois *Ta-Youei-ti* est l'équivalent exact du mot *Massagètes*, qui avait bien certainement la même signification [5].

Cette identification constatée, poursuivons la démonstration de la localisation, telle que je l'ai indiquée, des Gètes et des Massagètes, en n'employant désormais que ces dénominations ethniques.

---

[1] Abel Rémusat, *Nouveaux Mélanges asiatiques*, t. Ier, p. 227.

[2] Abel Rémusat, *Nouveaux Mélanges asiatiques*, t. Ier, p. 200.

[3] Notons ici au bénéfice de ces *Grands et Petits Youei-chi* (Massagètes et Gètes) cette constatation de leur génie industriel et commercial : « Au temps de Thaï-Wou de la deuxième dynastie des Weï, 220 à 280 de notre ère, des marchands vinrent de ce pays (*Kan-tho-to*, Candahar) à la capitale de la Chine. Ils se vantaient de savoir fondre les pierres pour en fabriquer du verre de toutes couleurs. Là-dessus on alla ramasser divers minéraux dans les montagnes, on les leur apporta dans la capitale et ils les fondirent. Quand ils eurent terminé ce travail, le produit se trouva plus brillant et plus beau que celui qui vient des pays occidentaux. » (Matouan-lin, Abel-Rémusat, *Nouveaux Mélanges asiatiques*, t. Ier, p. 123).

[4] Abel Rémusat, *Recherches sur les langues tartares*.

[5] Abel Rémusat, *Nouveaux Mélanges asiatiques*, t. Ier, p. 220, note 3.

Nous connaissons tous l'étendue du vaste empire de Cyrus le Grand. Vainqueur des peuples qui confinaient à la rive méridionale de l'Oxus, il avait porté ses armes au-delà de ce fleuve et, toujours vainqueur, il avait fondé Cyropolis sur le Jaxarte.

Bientôt une guerre de voisinage éclate, et dans cette guerre, où il périt, c'est aux Massagètes que Cyrus se trouve avoir affaire.

Le territoire des Massagètes, qui, comme nous l'avons vu, avoisine le Kachmir et le Tibet, avoisine donc aussi l'Oxus et le Jaxarte, et, particularité dont nous devons prendre note, ces Massagètes sont les Amazones des classiques grecs et latins, leur pays est gouverné par les femmes, et au temps de Cyrus, nous le savons assez, c'est la reine Tomyris qui le gouverne.

Douze siècles plus tard, c'est-à-dire vers 650 de notre ère, le gouvernement féminin des Massagètes existait encore.

L'histoire des rois du Kachmir, la *Radjatarangini*, nous fait savoir, en effet, que Lalitâditya, le roi du Kachmir alors régnant, eut vers la fin de son règne à faire la guerre à un peuple voisin de ses Etats, peuple gouverné par des femmes. Lalitâditya fut vaincu et le poète Kalhana a soin de faire comprendre que ce fut, non point par les armes, mais bien plutôt par les charmes que déploya l'armée de femmes[1] qui lui fut opposée.

Ce peuple voisin du Kachmir et gouverné par les femmes n'est, nous l'avons vu, et ne peut être que les Massagètes.

Par le fait de cette dernière constatation, à l'est comme à l'ouest et même au midi, la position territoriale des Massagètes s'affirme donc plus énergiquement telle qu'elle a été précédemment indiquée.

Les écrivains chinois contemporains du roi Lalitâditya,

[1] Voici le singulier euphémisme qu'emploie Kalhana pour dissimuler la défaite de Lalitâditya :

« Il fut cause que les femmes des ennemis offrirent, de leurs mains ointes, les dons funèbres à leurs parents morts, inondant de larmes leurs visages qui étaient embellis par des joyaux et des signes coloriés. » (*Radjatarangini*, liv. II, stance 130.)

ceux du temps de la dynastie des Soui vers 585 et ceux du temps de la dynastie des Thang vers 680 signalent, eux aussi, l'existence d'un État gouverné par les femmes au-delà de la frontière occidentale de la Chine [1].

Enfin, les historiens de la dynastie mongole des Yuan (1260) notent purement et simplement — ce qui indique la persistance du fait — que le royaume des femmes est au sud des monts Thsoung-Ling [2] et qu'il n'est gouverné que par des reines [3].

Ainsi, à toutes ses époques, l'histoire de tous les peuples que leur voisinage peut intéresser à cette question ne nous montre que des Massagètes sur les territoires indiqués comme ceux que les *Dardis* doivent dès longtemps occuper, à en croire les indications précises de Klaproth et de MM. Leitner et de Ujfalvy.

Mais les Massagètes et les Gètes — ces *Grands* et *Petits Youei-chi* des géographes chinois — ces Massagètes et ces Gètes dont la présence est signalée et s'est signalée dans le voisinage de la Sogdiane, et même jusqu'aux abords de la mer Caspienne, ces Massagètes et ces Gètes ont, nous l'avons constaté, d'après les écrivains chinois, leur point de départ et d'origine au nord-ouest de la province chinoise du *Chen-si*, c'est-à-dire dans la Mongolie propre ; ces Massagètes et ces Gètes sont donc, de toute certitude, gens de race mongole.

Comment se peut-il donc faire que nous trouvions des centres *Dardis* chez eux et sur la route habituelle de leurs caravanes allant de l'Oxus chez les *Issedons* et inversement ?

VI

La réponse à cette question, réponse que j'ai déjà fait pressentir, c'est que *Dardis* et *Massagètes* sont congénères, c'est-à-dire Mongols les uns et les autres.

Faisons la preuve de l'exactitude de cette affirmation.

---

[1] Klaproth, *Magasin asiatique*, t. Ier, p. 230 et suiv.

[2] Montagnes au nord-est de Khachgar.

[3] Klaproth, *Magasin asiatique*, t. Ier, p. 235. L'auteur dit même : « Le royaume des femmes dans le Tibet. »

Les *Dardis* étant les *Darada* des auteurs sanscrits, les *Daradaï* des géographes et des historiens grecs et les *Daradæ* des géographes et des historiens latins, si je parviens à établir la position première des *Darada* en pays mongol, j'aurai prouvé que les *Dardis* sont, par origine, des congénères des Massagètes sur les anciens territoires de qui nous trouvons aujourd'hui quelques familles *dardis*.

Je vais produire, pour faire cette preuve, un témoignage qu'un bouddhiste dirait émané du Bouddha lui-même, et dont, moi, je reporte les bénéfices aux historiens du Bouddha [1]. C'est plus modeste, mais plus exact.

Le *Rgya Tch'er Rol Pa*, ou « Développement des Jeux », contient l'histoire du Bouddha Çakya-Mouni.

Sous ce titre, cet ouvrage est la version tibétaine de l'original sanscrit du *Lalita vistâra*.

M. Ed. Foucaux a traduit ce livre et il a accompagné sa traduction d'un commentaire perpétuel.

Le contenu de ce livre passe pour être la parole même du Bouddha, recueillie par Ananda, son cousin, alors auprès de lui à Çravasti, capitale du royaume du Kôçala (l'Aoude actuel), en compagnie d'un grand nombre de bhikchous [2] ou disciples attachés au Bouddha.

Le chapitre X du *Rgya Tch'er Rol Pa* est tout entier consacré à faire connaître les conditions extraordinaires dans lesquelles le Bouddha, encore enfant, prit sa première et suffisante leçon d'écriture.

C'est le texte d'une récitation impromptue, que fit alors le Bouddha, que j'ai besoin d'invoquer ; il convient donc d'éclairer la scène et de préciser ce texte.

Nous sommes chez Viçvamitra [3], le professeur spécial préposé à cet enseignement de l'écriture [4].

---

[1] La rédaction sanscrite supposée recueillie de la bouche du Bouddha lui-même est le vénérable Soûtra du grand Véhicule appelé *Lalita vistâra* (Ph.-Ed. Foucaux, *Rgya Tch'er Rol Pa*, 2e partie, p. 408).

[2] *Bhikchous*, nom général des religieux bouddhistes.

[3] *Viçvamitra*, l'ami de tous.

[4] *Rgya Tch'er Rol Pa*, chap. x, p. 120 et suiv.

Bien entendu, le divin étudiant arrive chez le maître en grand apparat ; il est lui-même fulgurant de splendeur. « Viçvamitra, ne pouvant soutenir l'éclat et la gloire du Bôdhisattvâ [1], tomba proterné la face contre terre, » mais il fut relevé par un « Fils des dieux » qui du haut des cieux tint à l'assemblée un discours dont voici le début :

« Dans ce monde des hommes, ce qu'il y a de çastras [2], de nombres (*sañg-khyâ*), d'écritures, de calculs, de charmes des éléments (*dhâtou mantra*), de branches innombrables d'arts du monde, celui-ci les connaît depuis des millions de kalpas [3]. Bien plus, il fait l'accord des créatures entre elles ; il mûrit de nombreux enfants pour le meilleur Véhicule... »

Après avoir parlé ainsi, le Fils d'un dieu jeta sur le Bôdhisattvâ une profusion de fleurs et disparut en ce lieu même [4].

Ainsi l'être à qui nous avons affaire, le Bouddha Çakya-Mouni, enfant, est un être qui connaît tout depuis des millions de kalpas, et qui fait l'accord des créatures entre elles, de sorte que, dès à présent, nous sommes avertis que tout ce que dira l'Enfant divin, étant connu de lui depuis longtemps, a, lors même que nous n'y comprenons rien, sa raison d'être pour l'objet de son intention et comme il le dit.

Or « le Bôdhisattvâ, ayant pris une feuille à écrire faite d'essence de sandal des Ouragas, enduite d'une couleur divine, parsemée de paillettes d'or, ornée tout autour de pierres précieuses, parla ainsi au précepteur Viçvamitra :

— Eh bien, maître, quelle écriture m'apprendras-tu ? »

Et, sans attendre la réponse du maître, le Bôdhisattvâ énumère soixante-quatre espèces d'écritures.

A propos de ces soixante-quatre espèces d'écritures, fort diversement dénommées, le traducteur du *Rgya Tch'er Rol Pa*, M. Ed. Foucaux, consigne en note l'observation que voici :

---

[1] *Bôdhisattva*, c'est-à-dire l'Être uni à l'intelligence.
[2] *Çastras*, œuvres littéraires.
[3] *Kalpa*, période de 4 320 000 000 d'années astronomiques.
[4] *Rgya Tch'er Rol Pa*, chap. x, p. 121.

« Excepté quelques noms de pays faciles à reconnaître, toutes ces écritures semblent appartenir à des êtres fantastiques. »

Dans ces conditions et comme ce n'est pas aux devinettes que nous jouóns ici, il est bien inutile que je poursuive la nomenclature complète des soixante-quatre écritures ; mais je vais transcrire, pour ce qu'il nous en faut, et en les appelant dans l'ordre où ils se trouvent énoncés, les noms des écritures désignées par des dénominations géographiques. Voici : « Est-ce, dit le divin élève,,.. l'écriture de Magadha ?... l'écriture de Yavana ?... l'écriture de Darada ? l'écriture de Kouça ? l'écriture de Tchina ? » Arrêtons-nous sur ce mot de Tchina qui signifie Chine, et puisque nous avons affaire ici à l'Omniscient, qui sait faire l'accord des créatures entre elles , qui connaît tout depuis des millions de kalpas , qui par conséquent doit savoir ce qu'il dit, pourquoi il le dit et comment il se fait qu'il le dit d'une façon plutôt que d'une autre, nous sommes informés par lui, ou plus justement par les écivains instruits qui parlent pour lui, grâce à l'ordre dans lequel il fait intervenir ces trois noms géographiques : Darada, Kouça [1], Tchina, que le pays de Darada est situé à l'ouest de la Chine et dans le voisinage de sa frontière occidentale [2].

Cette constatation faite, rappelons-nous :

1° Que c'est dans la province mongole de Han-sou ou Kansóu, située à l'ouest de la Chine, et limitrophe de la province chinoise du Chen-si, que le colonel Prjévalski a rencontré les *Daldis* à face mongole ;

2° Que les écrivains chinois placent le berceau des *Youei-*

---

[1] Kouça est la moderne Kouçinagara, ville de la province d'Oude. Sa latitude (26 degrés à peu près), beaucoup plus méridionale que celle de la province mongole Kan-sou, la place à 200 lieues environ de cette province. Sa longitude lui assigne une position correspondante intermédiaire entre la province mongole de Kan-Sou, des *Daldis* du colonel Prjévalski, et la Chine, ce qui confirme avec une précision presque mathématique ce que je dis de la position des *Darada-Dardis*.

[2] Rappelons-nous aussi que l'écriture sanscrite et l'écriture tibétaine se lisent de gauche à droite.

tchi (des Gètes) à l'ouest de la province chinoise de Chen-si et que conséquemment ces *Youei-tchi* (ces Gètes) ont eu leur berceau, ainsi que les *Daldis*, dans la contrée aujourd'hui connue sous la dénomination de Mongolie.

Et nous aurons ainsi acquis la certitude que Gètes-Massagètes et *Dardis* ou *Daldis* sont congénères et doivent être compris aujourd'hui sous la dénomination commune et moderne de Mongols.

Cette étude, que je suis heureux d'avoir faite avec vous, va avoir pour nous une application circonstancielle immédiate.

Nous avons à parler de la polyandrie, elle nous y aidera.

VII

La polyandrie n'est pas, en effet, comme le pourrait faire croire sa coexistence avec le bouddhisme au Tibet, une pratique d'institution moderne. Les femmes massagètes étaient polyandres longtemps avant l'éclosion de l'ère moderne, et je vais les montrer pratiquant la polyandrie dans sa simplicité primitive et pour le plus grand avantage de la communauté massagète [1].

Dans l'antiquité, comme aujourd'hui, les peuples vivaient par le travail. Connaître l'industrie spéciale à un peuple, c'est presque connaître son histoire et ses mœurs.

---

[1] Ma-touan-lin dit à ce propos, 1° à l'adresse des Gètes : « La coutume est que les frères épousent en commun une même femme. Si un mari n'a pas de frères, sa femme porte sur sa tête un bonnet qui n'a qu'une seule corne (aigrette). S'il a des frères, leur bonnet s'accroît en proportion de leur nombre »; 2° à l'adresse des *Ta-youei-tchi* ou Massagètes habitant le Turkestan : « Ils suivent le culte de Fo (Bouddha). Comme il y a chez eux beaucoup plus d'hommes que de femmes, les frères épousent en commun une seule femme, et quand celle-ci a cinq maris, elle porte un bonnet à cinq cornes ; si elle en a dix, son bonnet est surmonté de dix cornes. Quand un homme n'a pas de frères, il s'associe avec d'autres hommes et c'est alors seulement qu'il peut se marier ; autrement il resterait célibataire jusqu'à la fin de ses jours. Les enfants qui naissent dans ces unions appartiennent à l'aîné des frères. Abel Rémusat, *Nouveaux Mélanges asiatiques*, t. II, p. 240 et 245.

La justesse de cette observation s'affirmera à propos des Massagètes aussi exactement que pour tout autre peuple.

Reprenons en quelques mots l'histoire générale de l'enfance des peuples, elle nous dira quelle a été dans l'antiquité l'industrie principale des Massagètes.

Le jour où, dans la plus lointaine antiquité, deux tribus, tout à l'heure étrangères l'une à l'autre, ont été mises en contact amical, ce jour-là le commerce des échanges a commencé. Les plus vieilles chroniques attestent ce fait.

Vingt siècles avant l'établissement tout conventionnel de l'ère vulgaire, Abraham, cette personnification biblique des migrations chaldéennes, va trafiquer en Egypte [1], et quelques siècles plus tard nous voyons les Ismaélites [2] de l'Arabie se rendant des rives du golfe Persique en Egypte pour y prendre part aussi au commerce des blés.

D'Occident en Orient et inversement, un mouvement analogue d'échange de produits s'est établi actif et puissant à la suite des migrations répétées des peuples de l'Orient vers l'Occident en même temps que la mer Méditerranée était pour la marine des Phéniciens une carrière de féconde exploitation.

Pline et Ptolémée ont conservé le souvenir de la route du commerce de l'ouest à l'est et retour à travers le vieux monde [3].

Cette route est bien connue dans sa direction générale : Au Danube aboutissaient de tous les points de l'Europe occidentale les routes primitives qui la desservaient. Le fleuve était utilisé. La mer Noire était traversée ; sur sa rive orientale les marchandises en convoi, prenant la voie de terre, arrivaient à la mer Caspienne, dont elles franchissaient l'espace ;

---

[1] Genèse, chap. XII.

[2] Genèse, chap. XXXVII.

[3] Reinaud, dans son ouvrage *Relations politiques et commerciales de l'empire romain avec l'Asie orientale, l'Hyrcanie, l'Inde, la Bactriane et la Chine*, Paris, Imp. impériale, 1863, a relevé avec soin tous les souvenirs de nos vieux auteurs classiques sur cet objet ; c'est un résumé d'un intérêt de premier ordre. Voir aussi Ernest Pariset, *Histoire de la soie*, 2 vol. in-8°.

puis, par l'Oxus, elles atteignaient le pays des Massagètes [1].

Rompus au rude métier de convoyeurs, initiés à tous les détails d'une route longue, lente et difficile, les Massagètes se chargeaient alors du transport en caravanes des marchandises [2] à porter aux frontières de la Chine, chez les Issedons [3], où, dans ces temps reculés, étaient établis des marchés d'échanges.

Un pareil voyage était l'occasion d'une longue absence et c'était toujours une périlleuse campagne [4].

La route à suivre se mesurait par près de 1200 lieues à travers des contrées inhospitalières par le froid, la solitude, les animaux féroces et les hommes larrons [5].

Chaque voyage exigeait des années et demandait à une population clairsemée [6] des hommes par milliers pour servir et conduire les bêtes de charge, pour protéger et défendre au besoin les caravanes et pour garder les défilés, dont la possession a toujours excité la convoitise des Chinois [7].

Et puisque les maris s'absentaient pour longtemps, ce dut être pour s'assurer la possession d'un mari que les femmes massagètes en prirent plusieurs [8].

---

[1] Les Massagètes ont un instant occupé le bas Oxus. Cette route ayant été plus tard barrée par la guerre des Parthes, le commerce prit alors la voie de Palmyre, à qui le transit a fait la fortune si belle que sa splendeur a affirmée.

[2] Ils montent, dit Ma-touan-lin, sur des chars à quatre roues, traînés par quatre, six ou huit bœufs, selon la grandeur des chars (Abel Rémusat, *Nouveaux Mélanges asiatiques*, t. Ier, p. 221).

[3] Issedons, c'est la nation qui dans les historiens chinois est nommée *Kao-Tché*, ce qui signifie: les Hauts Chariots (D'Anville, *Recherches sur la Sérique des anciens*, p. 225).

[4] Voir Reinaud. *Relations politiques et commerciales de l'empire romain avec l'Asie orientale*, passim.

[5] Ils avaient à passer les défilés qui précèdent le plateau de Pamir, à traverser ce dangereux plateau, puis le Chamo.

[6] Les auteurs chinois n'estiment qu'à 100 000 le nombre des familles *Youei-tchi*.

[7] Les Chinois en ont été deux fois les maîtres : une première fois vers la fin du premier siècle de notre ère, une seconde fois vers la moitié du septième siècle. Ils en ont toujours été facilement dépossédés.

[8] La rareté des hommes semblerait appeler la polygamie et non la polyandrie. Cependant c'est bien polyandrie qu'il convient de dire ici. La

Et ce dut être aussi à cause de l'absence toujours prolongée de leurs maris que les femmes massagètes se firent amazones, pour garantir de tout dommage, aussi souvent que ce fut nécessaire, la jeune famille et les intérêts de la communauté

Ces conclusions se présentent d'elles-mêmes et je tiens pour certain qu'une étude plus développée de cette question les ratifierait complètement. Quant à présent pourtant, je ne veux les indiquer ici que pour ce qu'elles sont, c'est-à-dire pour des probabilités, mais des probabilités qui ressemblent fort à des acquisitions définitives.

VIII

Si de ces recherches sommaires des causes de la polyandrie chez les Massagètes de l'antique géographie nous passons à l'étude des causes de la polyandrie dans le Tibet moderne, nous trouverons que les circonstances qui en maintiennent l'usage diffèrent essentiellement de celles qui autrefois convièrent les femmes massagètes à la pluralité des maris.

Il y a pour ainsi dire changement de front.

Tout à l'heure nous avons vu que, chez les Massagètes, la polyandrie trouvait sa raison d'être dans la nécessité, pour les femmes, de s'assurer la possession de plusieurs maris afin qu'il leur en pût rester au moins un quand les devoirs publics appelaient les autres à un service lointain et prolongé. Au moderne Tibet nous allons voir les hommes dans la fâcheuse nécessité de partager en famille la possession d'une seule femme par suite de la rareté des femmes disponibles dans la vie civile.

polygamie supposerait la subalternisation de la femme à l'homme, et ce n'est pas ici le cas, nous le savons.

D'ailleurs, pour faire la disette des femmes, même en présence d'un contingent d'hommes fort réduit, il suffisait qu'il fût d'usage chez les Massagètes que toute femme, notoirement fécondée, dût être sevrée de maris jusqu'après ses relevailles.

Samuel Turner, cet intelligent agent de la Compagnie de l'Inde anglaise, qui fut envoyé en ambassade au Tibet en 1783, a publié une intéressante relation des observations qu'il a pu recueillir au Tibet, où son séjour prolongé et sa position officielle lui ont permis en tous genres de précieuses informations.

La polyandrie est tout naturellement de la part de Samuel Turner un objet de grande attention. Dans sa relation, il constate le fait et ajoute :

« Les chefs du gouvernement, les officiers de l'Etat et tous ceux qui aspirent à le devenir, regardent comme au-dessous de leur dignité et de leurs devoirs le soin d'avoir des enfants. Ils s'en exemptent et l'abandonnent presque exclusivement aux gens du peuple.

« Les Thibétains regardent le mariage comme une chose odieuse, un fardeau gênant et honteux, que tous les mâles d'une famille doivent chercher à rendre plus léger en le partageant entre eux [1]. »

Et, après quelques considérations sans grande portée, Samuel Turner fait observer que la pauvreté du pays peut bien aussi motiver la polyandrie, qui nécessairement restreint la production des enfants.

Cette raison de la polyandrie au Tibet est aussi celle que nous a donnée M. de Ujfalvy.

Je crois qu'après Samuel Turner, notre vaillant collègue se trompe.

Il n'y a, pour faire la richesse d'une nation, rien de meilleur, rien de mieux que le travail ; et les premiers et les meilleurs outils de travail sont les hommes.

C'est là une vérité économique d'une justesse, d'une exactitude et d'une sévérité absolues.

Au Tibet [2] toutes les terres ne sont pas cultivées [3] ; celles

---

[1] *Ambassade au Thibet*, t. II, p. 144.

[2] Marco Polo définit le Tibet « une grande forêt » (G. Pauthier, chap. cxiv, p. 370).

[3] Le Tibet, compris entre les 80e et 101e degrés de longitude et les 28e et

qui sont cultivées sont mal cultivées et les terres incultes aussi bien que les terres cultivées réclament des bras [1].

Ce qui fait la pauvreté des terres au Tibet, c'est l'insuffisance de sa population active. Et depuis des siècles déjà le Tibet aurait renoncé à la polyandrie, si la polyandrie n'avait pas, pour s'y perpétuer, des raisons que les gouvernants de cet intéressant pays n'avoueront jamais, parce que l'aveu qu'ils en feraient serait pour eux un suicide.

Au Tibet, il y a des villes entières, comme H'Lassa [2], sa capitale spirituelle, qui ne renferment que des couvents et des palais; au Tibet toute la surface du pays, du nord au sud et de l'est à l'ouest, est pour ainsi dire couverte de couvents, couvents d'hommes, couvents de femmes [3].

C'est le lamaïsme bouddhique qui fait au Tibet l'insuffisance de la population [4] et la pauvreté du pays.

Plus de la moitié de la population est renfermée dans les couvents, et, circonstance à noter, cette population conventuelle est très inégalement répartie.

Les moines y sont en moins grand nombre que les religieuses.

Un moine bouddhiste n'est pas le premier venu. Les règlements conventuels exigent beaucoup d'un bouddhiste qui aspire à devenir moine. Les épreuves préalables de sanctifi-

---

36e degrés de latitude, mesure ainsi en étendue horizontale 600 lieues environ et en hauteur 200 lieues. Ce vaste pays ne compte que soixante villes, dit Klaproth, *Magasin asiatique*, t. II, p. 220, mais les couvents abondent.

[1] Une des causes de l'infertilité du sol au Tibet, c'est la sécheresse au temps chaud; mais dans une contrée de montagnes, de montagnes neigeuses surtout, les ruisseaux ne manquent pas, et un aménagement, même tout primitif, des eaux de ces ruisseaux donnerait au sol arable l'humidité qui lui fait défaut. Cette observation abécédaire manque de bras pour devenir, au Tibet, un instrument de grande prospérité.

[2] H'Lassa ou L'Hassa signifie *séjour de l'âme divine* (Klaproth, *Magasin asiatique*, t. II, p. 222). Je trouve encore cette étymologie : *Lhà*, dieu; *Sà*, terre; terre de Dieu (Horace de la Penna di Billi, *Notice sur le Tibet*, 1730, p. 6).

[3] *The Cabinet Gazetteer*, p. 805 A.

[4] Quatre-vingt-quatre mille lamas, dit *The Cabinet Gazetteer*, vivent aux dépens de l'État dans les couvents, sans parler des lamas libres.

cation sont rudes et la somme de science dont il faut témoi·
gner pour être admis dans un couvent bouddhiste est
immense. La littérature bouddhique [1] est un inépuisable
trésor de controverses sans fin, de commentaires à perte de
vue et plus nuageux que les sommets de l'Himalaya [2]. Un religieux bouddhiste doit connaître à fond la partie canonique
de cette littérature compliquée et la bien connaître, s'il veut
être admis moine dans un couvent. Très peu d'aspirants
arrivent à satisfaire aux exigences de ces épreuves multipliées.

L'admission comme religieuse, dans un couvent de femmes,
est également entourée de beaucoup de précautions ; mais
ici les précautions et les exigences sont d'un autre ordre et
dans tous les cas douces et faciles, en comparaison de celles
qui barrent la porte des couvents aux hommes.

L'extase est surtout ce qui est requis des femmes, et, nous
le savons, le tempérament de la femme se prête partout à
cette condition à peu près facultative pour chacune d'elles.

La vocation de religieuse, qui assure aux femmes le repos
dans cette vie et qui leur fait entrevoir pour l'existence
d'outre-tombe le repos extatique du Nirvana, a ainsi un attrait particulièrement alléchant pour une population toute
préparée au mysticisme par le milieu où elle vit.

Aussi la légion des religieuses bouddhistes est-elle au Ti-

[1] La collection complète des livres de la loi bouddhique se compose de
deux parties bien distinctes : la première (le *Kah gyour*, traduction des
commandements), qui est aussi la plus ancienne, passe pour être la parole
même du Bouddha, recueillie par ses principaux disciples ; la seconde (le
Stan gyour, instructions traduites), au contraire, n'a pas le caractère de
tradition directe.

La première partie compte cent volumes in-folio oblongs, contenant
mille quatre-vingt-trois traités.

La seconde partie compte deux cent vingt-cinq volumes in-folio oblongs,
renfermant près de quatre mille traités (E. Foucaux, *Rgya Tch'er Rol Pa*,
2ᵉ partie, introduction, p. vi et vi et notes).

[2] Il peut suffire, pour se convaincre de ce que vaut cette littérature de
métaphysique transcendante, de se donner la satisfaction de lire dans Burnouf, *Introduction à l'hi toire du bu ldhisme in lien*, le Sutra de Mandhrati,
p. 74 et suiv.

bet plus nombreuse que partout ailleurs, au grand dommage de la vie civile, où, pour longtemps encore, la rareté des femmes du monde maintiendra l'institution de la polyandrie.

Rien ne manque du reste au Tibet pour donner aux couvents de femmes une vogue d'actif recrutement.

Si les couvents d'hommes ont au Tibet leur directeur spirituel, le dalaï lama, en qui revit sans interruption, par transmission immédiate de l'un à l'autre, la vie divine ; les couvents de femmes ont leur directrice, en qui revit la Divinité sans interruption et par voie de transmission directe de l'une à l'autre.

Toute religieuse peut devenir directrice, et nous pouvons croire qu'au Tibet les aspirantes à la divinité ne font point défaut.

Pour les femmes, la Divinité incarnée est Bhavani.

Dans les institutions d'un peuple tout se lie et se commande logiquement et pour cette raison je dois fournir ici, à propos de cette incarnation de Bhavani, des indications capables d'appuyer ce que j'en vais dire et de faire comprendre la raison de ce stigmate circulaire que portent au vertex les Tibétains des deux sexes et que M. de Ujfalvy a signalé à notre attention.

Bhavani est dans l'Olympe indien une divinité d'ordre supérieur. Elle est l'épouse de Siva, l'une des trois personnes de la Trimurtis ou Trinité des Hindous.

Toutefois, ce nom de Bhavani n'est que l'expression d'une des qualités de la divine épouse de Siva et son nom plus synthétique est Parvati[1].

Sous le nom de Bhavani, Parvati est la nature personnifiée et ici sous le vocable particulier de Bhavani elle est ce que, dans nos contrées occidentales, nous appellerions : Notre-Dame du Tibet.

Une légende — il y a beaucoup de légendes dans les croyances religieuses de l'Asie bráhmanique et bouddhique,

---

[1] Langlois, *Théâtre indien*, t. II, table alph., p. 399.

— une légende rapporte qu'aux siècles des temps perdus, Bhavani, voulant fuir les persécutions d'un chef de la contrée,
se sauva sous la forme d'une truie [1].

La directrice supérieure des couvents de religieuses au
Tibet porte en effet le titre de *Dordzi-pa-mo*. c'est-à-dire la
Sainte Mère de la Truie [2].

A leur naissance tous les enfants lui sont consacrés, et
le signe distinctif de cette consécration est l'image d'un groin
de truie [3] appliqué d'une façon indélébile sur le sommet de
la tête des enfants, et qui constitue le stigmate circulaire qui
marque le vertex des Tibétains des deux sexes.

La religieuse qui, pour la direction des couvents de
femmes, doit prendre, à la mort d'une directrice,— je devrais
dire, pour me conformer aux convenances des bouddhistes,
au changement d'enveloppe d'une directrice — la survivance
d'une incarnation de Bhavani, se recommande au choix du
sacré collège des électeurs par l'image naturelle du groin
qu'elle porte bien indiqué sur le sommet de la tête, et on
comprendra sans que je le dise, que la distinction à faire entre
ce stigmate natif et le stigmate artificiellement provoqué n'est
pour le sacré collège des électeurs qu'une affaire de convention
et d'entente préalable.

La *Dordzi-pa-mo*, la Sainte Mère de la Truie, réside au
couvent de l'île du lac *Yar-Brok-youm-thso*, c'est-à-dire
grand lac des Turquoises. Ce lac est aussi nommé lac de
Paldi, du nom d'une ville assise sur sa rive septentrionale [4].

Cette île est formée de trois montagnes qui toutes les trois
sont couvertes de couvents d'hommes et de femmes; l'ensemble de ces couvents relève de l'autorité de la Sainte Mère
de la Truie [5].

La Sainte Mère de la Truie, l'incarnation de Bhavani, ne

---

[1] Dubeux, *Tartarie, Tibet*, p. 260, 261.
[2] Klaproth, *Magasin asiatique*, t. II, p. 286.
[3] Dubeux, *Tibet*, p. 261.
[4] Klaproth, *Magasin asiatique*, t. II, p. 286.
[5] Klaproth, *Magasin asiatique*, t. II, p. 286.

quitte jamais son couvent et son île qu'en grande pompe pour se rendre à H'Lassa, la capitale du Grand Tibet.

« Pendant tout le voyage, dit la relation chinoise à qui j'emprunte ces renseignements, on porte devant elle des encensoirs. Elle-même est assise sur un trône couvert d'une vaste ombrelle. Sa suite se compose de plus de trente religieux qui forment sa cour. Quand elle arrive à H'Lassa, chacun s'empresse de solliciter sa bénédiction, qu'elle donne en faisant baiser le sceau que porte son anneau [1]. »

Les couvents de femmes au Tibet absorbent, on peut le croire, plus des trois quarts de la population féminine du Tibet.

Turner, à l'occasion de ces couvents de femmes, s'exprime ainsi :

« Quand on réfléchit à la coutume qui existe au Tibet relativement à l'union des deux sexes, on est moins surpris de voir qu'un grand nombre de femmes renoncent aux occupations et aux plaisirs du monde pour se retirer dans ces asiles solitaires (les couvents) [2]. »

Turner prend ici la cause pour l'effet : ce n'est pas l'horreur de la polyandrie qui peuple les couvents de femmes au Tibet ; c'est au contraire la rareté des femmes disponibles, rareté que provoque et réalise l'attrait des couvents, qui force à la polyandrie les femmes tibétaines qui restent attachées à la vie du monde, et la polyandrie persistera aussi longtemps que les femmes du Tibet continueront à s'exiler dans les couvents [3].

L'établissement du bouddhisme lamaïque au Tibet date du septième siècle de notre ère, et on peut, dans des conditions de satisfaisante probabilité, fixer à cette date l'évolution rénovatrice de la polyandrie au Tibet.

---

[1] Klaproth, *Magasin asiatique*, t. II, p. 286.

[2] Turner, *Ambassade au Thibet*, t. II, p. 142-143.

[3] Csoma de Coros estime seulement à 130 000 familles la population du Tibet (*Notice sur le royaume du Thibet*, Horace de la Penna di Belli, note de Klaproth, p. 6).

Klaproth estime que les six provinces peuvent fournir un ensemble de 5 millions d'habitants (*ut supra*, p. 7). C'est toujours très peu pour une contrée qui mesure 600 lieues × 200 lieues.

IX

Cette question de la polyandrie et une confidence par insinuation sur la position délicate où a pu se trouver un instant M. de Ujfalvy vis-à-vis d'une femme qui lui continuait avec insistance l'offre de ses bons offices, ont provoqué sous la rubrique de *Prostituées et Prostitution* une série de questions auxquelles je vais tâcher de donner satisfaction.

Si nous entendons ici par prostitution l'œuvre courante, active et débraillée qui, par spéculation, de luxure d'abord, de paresse et de lucre plus tard, fait passer la femme par tous les degrés de l'impudicité et la jette enfin dans l'abjection ; je peux hardiment répondre qu'en Asie comme en Europe la prostitution est et a toujours été une honteuse infirmité qui se dérobe au grand jour et n'existe, quant à son personnel, qu'à l'état d'infime exception.

Dans l'antiquité et en tous les temps la prostitution a été sévèrement condamnée en Asie.

Les lois de Manou[1] et le code des Gentoux[2] font des adultères et des courtisanes une même classe de femmes abjectes et dégradées dont le contact est impur et criminel.

Le Deutéronome chasse d'Israël la femme qui se prostitue et punit de mort l'adultère et le viol [3].

Dans les temps modernes la prostitution reste, dans toute l'Asie, l'objet de la sévérité des lois et du mépris de la société.

A Ispahan, les prostituées sont confinées dans un quartier excentrique qui leur est spécial. C'est le quartier des *femmes découvertes*, des *dévoilées* [4].

Au pays des Birmans, à Rangoun, ou plutôt près de Rangoun, sur la rive occidentale de la rivière de Syriam et dans

---

[1] *Lois de Manou*, liv. XI, stances 58, 66, 169 et suiv.

[2] *Code de lois des Gentoux*, chap. xix, sect. i à viii.

[3] *Deutéronome*, chap. xxii, versets 20 et suiv . et chap. xxiii, verset 17.

[4] Chardin, *Voyage en Perse*, t 1er, p. 228, édit. d'Amsterdam, 1785.

le voisinage de Maindu, se trouve, au fond d'une crique, le village de Mima-Schun-Rua, c'est-à-dire le village des filles publiques, qu'habitent seules et que doivent habiter, par ordre, les femmes prostituées[1].

Au Cambodge, ce sont les hommes qui se prostituent aux hommes. « Chaque jour ils vont en troupes de plusieurs dizaines dans les marchés et sur les places, sollicitant de honteuses caresses. » Ils portent une dénomination flétrissante.

En Chine, les filles publiques sont reléguées dans les faubourgs ou sur des bateaux[2].

Enfin au Tonkin, l'adultère, cette prostitution de la foi jurée et du corps, est puni d'une mort barbare.

Ainsi donc partout, en Asie comme en Europe, la prostitution est une pratique vile et reconnue dégradante, et il n'y a pour elle de merci nulle part.

X

Ce n'est pas à dire pourtant que les mœurs des pays asiatiques soient l'exacte et fidèle représentation des mœurs de l'Europe ; il y a des nuances, et des nuances très accentuées, qui distinguent les mœurs des deux contrées, et il est certain que dans leurs expressions journalières les mœurs sociales de l'Asie offrent, à l'encontre de nos mœurs et de nos habitudes européennes, des disparates bien faites pour nous étonner et aussi des apparences capables de nous induire en erreur, au jour où nous en sommes les témoins insuffisamment préparés.

Les relations de voyages des Européens en Asie, surtout dans l'Asie centrale, abondent en confidences de ce genre.

Mais, pour témoigner de la rigoureuse justesse de cette observation et pour en faire, pour ainsi dire, la démonstration authentique, il suffira, je pense, de citations empruntées aux relations de voyageurs officiels et bien connus.

---

[1] Michel Symes, *Relation de l'ambassade anglaise dans le royaume d'Ava*, t. II, chap. II, p. 15-16.

[2] De Guignes, *Voyages à Pé-King*, etc., t. III, p. 107.

En même temps que ces anecdotes expliqueront la position embarrassée où s'est un instant vu poussé M. de Ujfalvy par l'insistance obséquieuse d'une personne dont il avait reçu les soins au Kachmir, elles infirmeront l'impression fâcheuse qu'il a pu en éprouver.

Nous allons voir combien aux pays asiatiques peuvent, et quelquefois même doivent être grands l'abandon et l'empressement d'une honnête femme vis-à-vis d'un galant homme, sans que la situation de cette femme en soit compromise, sans que la considération qui l'entoure en doive être affectée.

Deux officiers de l'armée anglaise du Bengale, MM. Christie et Henry Pottinger, sont envoyés, en 1810, par le gouverneur de l'Inde en mission en Perse. Ils ont traversé l'Indus, parcouru le Sindhy, ils sont à Kélat. Là, malgré le soin qu'ils ont pris de se vêtir du costume régional, ils sont jugés être des Européens, on les croit médecins ; ils sont appelés chez le gouverneur dont les enfants sont malades. Le lendemain, allant par la ville, ils sont rencontrés par les femmes du gouverneur, qui les suivent avec insistance en les interpellant à plusieurs reprises par ce mot charmant: « lallalkou », c'est-à-dire « mon chéri, mon mignon », et avec raison les deux voyageurs ne crurent pas que ces femmes les voulussent, pour un instant, conduire au paradis des houris [1].

L'aventure du général Ferrier est plus vivement accentuée encore.

Le 12 juillet 1845, le général Ferrier, porteur d'une lettre de khan de Sirpool qui le recommande à Timour-beg, gouverneur de la contrée, arrivait à Div-Hissar. Par son interprète, il envoie au gouverneur la lettre du khan de Sirpool et il attend la réponse.

Je laisse maintenant parler le général Ferrier. Je traduis sa relation.

« Roustan remit à Timour-beg la lettre du khan de Sirpool.

[1] Henry Pottinger, *Voyage dans le Béloutchistan et le Sindhy*, 2 vol. in-8o, Paris, 1878, t. Ier, chap. v.

Timour-beg la baisa trois fois et l'éleva au-dessus de sa tête avant de l'ouvrir. Après l'avoir lue, il m'envoya, à ma grande surprise, par une jeune et charmante esclave, l'invitation d'entrer dans la forteresse. Je ne devais pas m'attendre en effet à ce que cette gracieuse autorisation d'entrer dans Div-Hissar me pût venir par une femme. J'avais bien remarqué que les femmes que je rencontrais sur la route n'étaient pas voilées comme il est d'usage en Turkestan et je pensais qu'il en était de même ici, mais je ne comptais point que l'invitation d'entrer me viendrait par le beau sexe.

« Timour m'accueillit avec la cordialité simple et franche des Tartares. C'est un homme de trente-cinq à quarante ans, imberbe, court, mais bâti comme un Hercule. Accentuant son bon accueil, il nous fit servir un repas qui aurait pu satisfaire au moins trente convives. Notre boisson fut à ce repas une sorte de cidre avec lequel notre hôte finit par s'enivrer. Quand nous l'entendîmes ronfler, nous demandâmes la permission de nous retirer, ce qui nous fut accordé. Les dames du palais qui avaient assisté au repas, nous conduisirent à nos appartements. Les attentions dont alors nous fûmes l'objet méritent réellement d'être notées. Non seulement elles assistèrent à notre toilette, mais encore elles nous lavèrent les pieds et enfin, à mon grand ébahissement, elles se mirent à me masser de la tête aux pieds, et cela de la façon la plus franche et la plus dégagée. Il n'eût pas été convenable de refuser les soins gracieux dont les dames du palais croyaient devoir me faire l'honneur au nom sacré de l'hospitalité. C'est mon habitude de me conformer aux usages des pays où je voyage. Pourtant, prévoyant une longue traite pour le lendemain, je me hasardai à prier les dames qui me servaient de suspendre leurs bons soins et de me laisser reposer.....

« Tout d'abord je m'étais flatté que j'avais été exceptionnellement bien traité et qu'en cela Timour-beg avait tenu à me donner un témoignage particulier de considération ; mais j'appris plus tard que mes compagnons de voyage et même mes domestiques avaient également reçu les soins des dames du palais et que la sœur de Timour-beg elle-même n'est pas dispensée de remplir les devoirs qu'imposent ces singulières habitudes d'hospitalité[1].

Div-Hissar est une forteresse sise sur un des affluents du haut Oxus, nous sommes au pays bactrien.

Au Tibet, autre surprise. L'usage a consacré là des mœurs faciles bien faites pour nous étonner, et cependant, ces mœurs faciles, malgré les soupçons d'analogie qu'elles peuvent nous suggérer, ne sont pas et ne peuvent pas être considérées comme une expression de prostitution.

Turner, qu'il faut nécessairement citer dès qu'on parle du Tibet[2], esquissant à grands traits les mœurs de cette contrée, consigne l'observation que voici :

« Les Thibétains peuvent quelquefois être accusés de froideur envers les femmes, mais aussi ils sont loin de les tyranniser. Quoiqu'une femme mariée soit tenue de garder la fidélité conjugale sous des peines assez sévères, il n'en est pas moins vrai qu'avant de se marier elle peut se livrer à ses goûts sans que cela fasse tort à sa réputation et sans que les maris qu'elle épouse lui en sachent mauvais gré. »

Bien plus — et soit dit par occasion, le cas de notre collègue affirme une fois de plus la véracité du voyageur vénitien, longtemps suspectée, — Marc Pol, dans son chaud et

[1] J. P. Ferrier, *Caravan Journeys and Wanderings in Persia, Afghanistan, Turkestan and Belouchistan*, London. 1857, chap. XVI, *ad finem*.

[2] D'autres voyageurs méritent aussi d'être signalés à l'attention du monde de l'ethnographie : ainsi George Bogle et le docteur Hamilton, qui précédèrent Turner au Tibet, et Samuel Davis et Saunders, qui l'y accompagnèrent, et surtout et avant tous Alexandre Csoma, né au village de Coros en Transylvanie mort au mois d'avril 1842, à Darjiling, dans le Népâl, au moment où il se disposait à retourner au Tibet pour y continuer ses études sur l'histoire du pays et sur la littérature bouddhique.

Dans un premier voyage, Csoma était allé s'établir dans le monastère bouddhique de Kanoum, dans la vallée du haut Sedledge et y demeura quatre années.

L'Europe, et par elle toutes les nations savantes doivent à Csoma la connaissance de l'intéressante et riche littérature du Tibet.

Csoma est le fondateur de l'étude du tibétain et, dit M. E. Foucaux, le seul Européen qui s'en soit occupé dans l'Inde.

pittoresque langage du moyen âge, nous dit en parlant du mariage chez les Tibétains :

« Nul homme de celle contrée pour riens du monde ne prendrait à femme une garce (jeune fille) pucelle ; et dient que elles ne vallent riens, se elles ne sont usées et coustumées de gésir (coucher) avec les hommes. Et font en tel manière que quant les cheminans passent, si sont appareilliées, les vielles femmes, avec leurs filles ou leurs parentes, et vont avec ces garces pucelles et les mainnent aus genz estranges, qui par là passent, et les donnent à chascun qui en veult prendre pour faire en leur volonté. Et les hommes en prennent et en font ce qu'il veulent. Et puis les rendent à ces vielles qui leur ont menées, car il ne les laissent pas aler avec la gent. Et en ceste manière treuvent, les cheminans, quant il vont par les voies, à vingt ou à trente tant que il veulent ; c'est quant ils passent par devant un casal ou un chastel, ou une autre habitation. Et quant il hebergent avec cette gent en leur casaus (cases, maisons), si en ont aussi tant comme il veullent, qui les viennent prier. Bien est voir que il convient, que vous donnez à celle avec qui vous aurez geu (couché) un anelet, ou aucune petite chosete, ou aucunes enseignes qu'elle puisse monstrer, quant elle se voudra marier, qu'elle a eu plusieurs hommes. Et ne le font pour autre chose. En telle manière convient à chascune pucelle, pourchacier (se procurer) plus de vingt icex seignaus (de ces bijoux) avant qu'elle se puisse marier, par la voie que je vous ai dit. Celles qui plus ont de seignaus, et qui plus auront monstré qu'elles auront esté le plus touchiées, si sont pour meilleurs tenues. Et plus volontiers l'éspousent, pour ce qu'il dient qu'elle est plus gracieuse. Mais quant elles sont mariées, si les tiennent trop chières, et ont pour trop grand vilonnie se l'un touchast la femme à l'autre ; et se gardent moult de ceste honte tretuit, depuis qu'il se seront mariés avec si faites femmes [1]. »

---

[1] *Le Livre de Marco Polo*, par G. Pauthier. Firmin Didot frères et Cᵉ, 1865, 2ᵉ partie, chap. CXIV, p. 373.

Marc Pol, dans un chapitre qu'il consacre au pays des Ghendou, province du Tibet, nous apprend que là la complaisance des indigènes envers les étrangers est plus complète encore. Quand un voyageur étranger passe et vient demander l'hospitalité, le maître de la maison s'éloigne, il s'en va au loin dans ses vignes ou aux champs ; il ne rentre à la maison qu'après le départ de l'étranger, qui durant tout son séjour a eu à sa disposition la femme, les filles et les sœurs de l'hôte complaisant [1].

Nous sommes là bien loin des exquises délicatesses qui règlent tous nos rapports avec les femmes ; mais il faut considérer que notre éducation est l'œuvre complexe et comme la quintessence de trois générations de civilisations successives que les montagnards du Tibet n'ont connues ni de près ni de loin, puisque nous savons, par ce qui nous est revenu de leur histoire, qu'ils se sont séquestrés du monde le plus et le plus longtemps qu'ils ont pu et jusqu'au terme du seizième ou dix-septième siècle.

A Couch, qui est au Bengale un canton de la province du Behar, un usage séculaire a consacré, de créancier à débiteur, un procédé qui exhale comme une âcre senteur de notre moyen âge.

Un créancier, rapporte Turner, peut exiger de son débiteur insolvable qu'il lui livre sa femme en garantie de sa créance ; dans ces conditions, le créancier a la jouissance de cette femme aussi longtemps que dure la position de débiteur chez son mari. Il arrive qu'une femme ainsi mise en gage reste pendant plusieurs années à la disposition du créancier. Les enfants qui naissent de cette union circonstancielle et temporaire sont, au jour de la libération du débiteur, partagés entre le créancier et le mari [2].

Turner fait observer qu'il est acquis dans la contrée que le chagrin que ressent le mari de l'absence de sa femme en pareil cas, est un puissant stimulant à la libération.

[1] Même ouvrage, chap. cxvi, p. 384-385.
[2] Turner, *Ambassade au Tibet et au Boutan,* t. 1ᵉʳ, chap i, p. 30.

Au royaume d'Ava, les Birmans des classes inférieures « ne se font pas de scrupule, dit le major Michel Symes, de vendre passagèrement leurs filles et leurs femmes à un étranger qui voyage dans leur pays. Cela n'est pas regardé comme un mal parmi eux et la femme n'en est pas déshonorée [1]. »

Dans ce même royaume d'Ava les lois contre les débiteurs sont d'une exigence et d'une dureté excessives. Comme à Couch du Béhar, mais plus cruellement encore, elles mettent le débiteur et sa famille à la merci du créancier en aggravant de la façon la plus fâcheuse la position des femmes.

« Suivant les lois du Pégu [2], le débiteur insolvable appartient à son créancier, dit le major Michel Symes, et d'honnêtes femmes, devenues esclaves pour des dettes dont l'origine leur est souvent inconnue, sont livrées par leur créancier à un vil proxénète qui trafique de leurs agréments [3]. »

Et ce n'est pas seulement la femme du débiteur qui suit le sort de son mari, les filles qu'il peut avoir viennent comme leur mère en appoint des exigences du créancier. Elles aussi sont vendues et, si elles sont belles, elles sont payées fort cher.

L'acheteur en fait la joie des passants ; et comme partout l'amoureux de la joie clandestine est, à l'heure de l'appétit, très facile à la bourse, au Pégu comme ailleurs, la ruine des uns fait la fortune des autres et ce n'est pas toujours la morale qui gagne à ce jeu de bascule.

Dans l'Inde brahmanique, les lois de Manou ont autorisé et organisé la génération directe par procuration.

Cette étrange dérogation aux lois de convenance et d'amour que préconise Manou est commandée à tous les Hindous brahmaniques par d'impérieuses exigences de conscience.

Tous les Hindous brahmaniques sont tributaires de la vie d'outre-tombe et des renaissances à intervenir suivant les

[1] Michel Symes, *Relation de l'ambassade anglaise dans le royaume d'Ava,* t. II, p. 17.

[2] Le Pégu n'est pas précisément une province du royaume d'Ava, mais il en relève politiquement.

[3] Michel Symes, *Ambassade dans le royaume d'Ava,* t. II, p. 16-17.

mérites et les démérites dont chez eux la vie de ce monde a été marquée.

La première des conditions exigées pour se présenter décemment de l'autre côté de la vie de ce monde, c'est que les honneurs funèbres aient été rendus au mort dans les règles prescrites par la loi de Manou.

Les honneurs funèbres sont pour les Hindous une suprême satisfaction qui a toute la valeur d'une expiation majeure.

Les honneurs funèbres doivent être rendus au père par le fils à l'exclusion de tout autre membre de la famille.

Etre privé des honneurs funèbres, c'est, pour les Hindous, mourir deux fois.

De là l'absolue nécessité d'avoir un fils, dût-on en aller chercher le germe dans la poche du voisin.

« Lorsqu'on n'a pas d'enfants, dit la stance 59 du livre IX des lois de Manou, la progéniture que l'on désire peut être obtenue par l'union de l'épouse convenablement autorisée, avec un frère ou un autre parent. »

Et l'enfant ainsi engendré est considéré comme engendré par le mari titulaire, car, dit la stance 145 du même livre IX, « la semence et le produit appartiennent de droit au propriétaire du champ, » et c'est surtout pour obtenir un fils que le propriétaire du champ livre sa propriété à l'œuvre de l'ensemencement par le voisin.

Le Cambodge, sous le nom de *T'chin la*[1], a fait partie intégrante de la Chine et lui a payé tribut jusqu'en 1428[2] de notre ère. Les relations que les écrivains chinois ont conservées sur cette contrée s'étendent jusqu'aux premières années du dix-huitième siècle.

Après Amyot, qui les a un peu défigurées, Abel Rémusat a traduit ces annales au moins en partie, et c'est à la version

[1] T'chin-la est le nom chinois du Cambodge. Le nom que les habitants du Cambodge donnent à leur pays est *Kan-phou-tchi*, d'où Cambodge (Abel Rémusat, *Nouveaux Mélanges asiatiques*, t. Ier, p. 99).

[2] Le P. Legrand de la Liraye, *Notes historiques sur la nation annamite*, p. 88.

de ce sinologue que j'emprunte les indications qui suivent[1] :

Les croyances religieuses qui ont cours au Cambodge relèvent du bouddhisme ou des pratiques du tao (raison suprême).

Au Cambodge une fille riche se marie ordinairement entre sept et neuf ans. Celles qui sont très pauvres attendent quelquefois jusqu'à onze ans [2].

Selon que les fiancés appartiennent par leurs croyances au bouddhisme ou au tao, c'est ou un prêtre du Boüddha ou un tao sse qui est chargé de préparer la fiancée pour l'œuvre du mariage.

L'annaliste chinois nomme cette œuvre de préparation *t'chin-than*, expression qui tout à l'heure va s'expliquer d'elle-même.

Chaque année, à l'époque qui correspond à la quatrième lune[3], l'officier de la province fait connaître le jour choisi pour le *t'chin-than*[4]. Ce jour-là, chaque prêtre a sa cliente et n'en peut avoir qu'une.

Au jour dit, le cortège d'amis des fiancés, avec musique et tambours, va en grand apparat au-devant du prêtre et l'accompagne à la maison de la fiancée.

Là, sont préparés deux dais recouverts d'étoffes de diverses couleurs. Le prêtre occupe l'un, la fiancée occupe l'autre.

La nuit est venue, le gros de l'escorte se retire, mais tambours et trompettes s'acharnent à tapager devant la maison de la fiancée.

Pour cette nuit, dit la relation, le prêtre n'est retenu par aucune défense, et voici, aussi honnêtement que je puis l'exprimer, ce qui se passe alors [5].

---

[1] Abel Rémusat, *Nouveaux Mélanges asiatiques*, t. 1er. *Description du royaume de Cambodge*, p. 71 et suiv.

[2] Abel Rémusat, *loc. cit.*, p. 116.

[3] La première lune commençant vers la fin de janvier ou au commencement de février, la quatrième lune arrive vers le mois de mai.

[4] Mot à mot, en latin, *strati dispositio*.

[5] Voici la traduction latine que donne Abel Rémusat du texte chinois : *Audivi illum cum virgine simul in proximum cubiculum ingredi, ibique eam, manu adhibitâ, constuprare. Manum deinde in vinum immisit, quo, si quibus-*

De la main, le prêtre déchire l'hymen ; sa main est ensanglantée, il la lave dans du vin ; ce vin, il le présente, dit-on, au père, à la mère, aux parents et aux autres invités. Tous y trempent les doigts et humectent leur front de ce liquide, quelques-uns affirment qu'ils en boivent.

Bientôt et de nouveau laissé seul avec sa cliente, le prêtre met, dit-on, à profit le temps qui lui reste pour compléter l'éducation de la fiancée.

L'annaliste chinois termine ce chapitre du mariage au Cambodge par l'observation que voici :

« Il y a au Cambodge nombre de femmes qui ont commencé par mener une vie licencieuse et qui se marient ensuite ; dans leurs mœurs cela n'a rien de honteux ni de surprenant[1]. »

M. le capitaine de vaisseau commandant de Villemereuil, qui en 1878, au Congrès des sciences ethnographiques, a fait une conférence sur les mœurs et les institutions du Cambodge, n'entre pas dans les détails que je viens de signaler ; mais il a, semble-t-il, à ce propos des paroles de raillerie qui cachent un sous-entendu dont il faut tenir compte.

« La dernière nuit de sa vie de jeune fille, dit-il, la fiancée la passe dans la maison bâtie pour elle, tandis que le jeune homme couche sous l'abri extérieur de ce futur domi-

---

dam credideris, pater, mater, proximi tandem atque vicini frontem signant; si aliis, vinum ore ipsi degustant. Sunt et qui sacerdotem puellæ pleno coïtu miscere asserunt, alii contra contendunt.

Je trouve, dans un appendice qui termine cette notice sur le Cambodge, la phrase suivante :

« Quand une fille a atteint sa neuvième année, on invite un prêtre à venir réciter les prières et pratiquer les cérémonies prescrites par la loi des Hindous. » En renvoi, Abel Rémusat écrit en latin : *Deinde virginitatem aufert digito quo et frontem rubrd maculd notat, maculam accipit mater puellæ. Hoc est quod vocant li-chi.* (Abel Rémusat, *Opera laudata,* p. 118-151).

Enfin, comme affirmation des confidences qui précèdent, je note ici qu'au jour de son ordination un prêtre bouddhiste birman se trouve avoir à répondre à cette question :

« Ne vous manque-t-il rien de ce qui affirme la virilité ? » Pour être admis à l'ordination, le néophyte doit pouvoir répondre : Non, il ne me manque rien (*Transactions of the Royal Asiatic Society,* vol. III, 2ᵉ partie, p. 275.)

[1] Abel Rémusat, *Opera laudata,* p. 118.

cile conjugal. Voici une veillée des armes qui ne manque pas d'originalité et qui fait honneur à la bonne foi des maris en herbe, à moins qu'elle ne trahisse l'indolence innée de ce peuple [1]. »

Je n'irai pas plus loin en Orient et, résumant les indications que j'ai présentées sur l'attitude commandée aux femmes par les usages sociaux d'une grande partie de l'Asie, je constate :

1° Que la prostitution, telle que nous la comprenons, a été dans l'antiquité et est encore aujourd'hui en Asie stigmatisée d'infamie ; que là, les femmes qui s'offrent à tous, au mépris des convenances et de la foi jurée, sont à peu près mises hors la loi ;

2° Que, chez quelques nations de l'Asie, les jeunes filles avant le mariage peuvent ici et doivent là, pour trouver à se marier, avoir au préalable complété par la pratique leur éducation d'amour ;

3° Qu'il est au moins une tribu, au Tibet, chez qui les devoirs de l'hospitalité commandent l'abandon à l'hôte reçu de la jouissance de la maison qui l'abrite et des femmes — épouses, filles ou sœurs — de l'hôte qui reçoit ;

4° Que dans l'Inde brahmanique les lois de Manou ont, par une dérogation aux chastes précautions dont elles ont entouré la couche conjugale, autorisé tout ménage sans enfants à en acquérir à l'aide d'une greffe collatérale.

XI

Pour épuiser la série des observations sommaires que je m'étais promis de présenter à propos de la communication de M. de Ujfalvy, il me reste à parler des « danseuses et des bayadères », à l'existence accidentée desquelles a fort indûment été mêlée l'existence des dames asiatiques.

L'attitude désormais connue des dames du monde asiatique les dégageant complètement d'une compromettante promiscuité, je m'abstiendrai ici de tout parallèle à leur en-

[1] Congrès international des sciences ethnographiques, 1878, p 383.

droit et je me bornerai, sur les danseuses et les bayadères, à quelques indications professionnelles.

Je pourrai ainsi être plus bref et plus net.

Comme expression de la joie et de la satisfaction, les sauts et les gambades sont de tous les temps et de tous les peuples.

Les nègres de Saint-Domingue ont la danse du Vaudou, orgie de gambades et de lubricité.

Les sauvages de l'Océanie ne comptent pour bonnes fêtes que celles où la danse la plus dégingandée les assouvit de fatigue, et nos Tahitiennes ont encore la danse *upa-upa*, entraînante et voluptueuse.

Au Cambodge, à la huitième lune, toute la nation célèbre le *Yaï-lan*, danse religieuse qui, pour un jour, met en liesse toutes les jambes de la contrée. Le roi lui-même sacrifie à la coutume antique, et ce jour-là il danse en personne, à huis clos, dans son palais [1].

Chez les anciens Egyptiens, la danse, comme gymnastique, faisait partie du programme d'éducation nationale avec la lutte et la course.

Chez Israël, nous voyons Marie, sœur de Moïse, danser en chantant pour célébrer l'heureuse délivrance des tribus sorties d'Egypte [2].

Aux fêtes de Sparte, jeunes garçons et jeunes filles dansent tout nus, et chez les Romains, aux Bacchanales, la danse aux larges allures avait la plus belle part des acclamations publiques.

Aucun peuple n'a le droit de se dire l'inventeur de la danse. La danse est, comme l'expression de la douleur, quelque chose d'automatique et d'universel.

Avec le temps et comme les peuples, la danse s'est civilisée ; elle a pris des allures réglées sur les sentiments de convenance et les élans de la passion, et l'étude nous a donné la danse de caractère et d'expression.

---

[1] Abel Rémusat, *Nouveaux Mélanges asiatiques*, t. Ier, Cambodge, p. 124.
[2] Exode, chap. xv, p. 20 et suiv.

Il semble que la danse savante et passionnée nous vienne de l'Orient.

L'Orient arabe et musulman a ses almées, qui sont chez les croyants un décalque des houris de leur paradis, et l'Inde a ses bayadères, institution liturgique créée pour être, dans le monde indien d'ici-bas, la contre-partie des Apsaras de l'Olympe de Manou [1].

Les bayadères de l'Inde se divisent en deux classes : les unes sont attachées au service des temples et relèvent régulièrement du personnel religieux des temples ; les autres sont indépendantes et font du chant, de la déclamation, des gestes et de la danse une industrie que les accessoires rendent fort lucrative.

Les premières paraissent chaque jour au temple, dansant et chantant en l'honneur de la divinité à laquelle elles sont consacrées.

Le nombre des danseuses affectées au service des temples varie avec l'importance religieuse de ces édifices ; il est en moyenne de douze.

La corporation liturgique des danseuses se recrute de jeunes filles vouées de bonne heure par leurs parents à la divinité. Toutes les classes de la société indienne peuvent fournir des danseuses aux temples, mais la classe des artisans se charge surtout de pourvoir les temples de leur personnel féminin.

La beauté des traits du visage, l'ensemble gracieux de la personne, une voix agréable et sympathique sont les qualités que doivent réunir les jeunes filles qui se présentent à l'admission pour le service des temples.

La dénomination de « bayadères » que nous donnons aux danseuses de l'Inde n'est qu'une dénomination de conven-

---

[1] Lois de Manou, liv. Ier, stance 37. « Ils (les Dévas) créèrent les gnomes (yakchas), les géants (râkchasas), les vampires (piçâtchas), les musiciens célestes (gandharvas), les nymphes (apsarâs), les titans (asouras), les dragons (nâgas), les serpents (sarpas), les oiseaux (souparnas), les différentes tribus des ancêtres divins (Pitris). »

tion. Nous l'avons empruntée au portugais *balhadeira* — danseuse — d'où d'abord *balladère*, puis enfin *bayadère*.

Le nom sanscrit des danseuses attachées aux temples dans l'Inde est *déva-dasi*, c'est-à-dire « servante de la Divinité ». En hindoustani elles se nomment facultativement *râm-djenny*, *kantchény*, *naûtchy*.

Les Anglais les dénomment d'une appellation mi-hindoustanie, mi-anglaise; ils disent : *nauch-girl*, c'est-à-dire jeune fille de la danse.

Le mariage est interdit aux *déva-dasi* — aux bayadères des temples, — mais le célibat n'implique pas, paraît-il, le vœu de virginité. Elles sont généralement trop belles pour être négligées, et comme,

> Pour être *bayadère*, on n'en est pas moins *femme*,

il n'est pas rare de voir des bayadères devenir mères.

Leurs fils seront musiciens aux temples, et leurs filles, pourvu qu'elles soient belles, seront à leur tour *bayadères*.

Les bayadères usent pour l'harmonie de leur parure de recherches intelligentes, qu'elles savent se rendre fort avantageuses [1].

Les danseuses, qui dans l'Inde ne relèvent pas du service des temples, reconnaissent dans chacun de leurs centres principaux une directrice qui porte le titre de *daïyâ*, c'est-à-dire « mère ».

Sous la dénomination de *naûtchi*, ces danseuses sont fort employées dans l'Inde et par conséquent fort nombreuses.

Les familles hindoues, pour peu qu'elles soient aisées, n'ont pas de fêtes intimes, pas de solennités particulières, sans un *nâtch*, c'est-à-dire une récréation à domicile dont la danse, le chant et la déclamation font partie, et c'est aux *naûtchi* ou *nauch-girl*, comme disent les Anglais, que revient la tâche

---

[1] Quelques bayadères se sont fait remarquer dans la littérature ; l'histoire littéraire de l'Inde a consacré les noms de *Farh* (joie), ou plutôt *Forh Raksch* (donneuse de joie), *Ziya* (éclat), *Gauchin*, et aussi celui de *Jân* (*Mir Yar Ali Jan Sahib*), plus célèbre que les précédentes. Elle naquit à Farrukhabad, mais elle a surtout habité Lakhnau, théâtre de sa célébrité.

de figurer activement dans ces récréations de famille. Elles s'adjoignent toujours quelques musiciens et se font bien payer.

Les filles de la *daïyâ* ne sont, pas plus que les *dêva-dasi* des temples, vouées à la virginité perpétuelle ; elles ne négligent au contraire aucune bonne et fructueuse occasion de justifier leur réputation d'aimables et complaisantes personnes [1].

Aux pays arabes et musulmans les *almées* font les plus charmantes délices des fêtes publiques et particulières.

Le mot arabe *almée* signifie savante.

La danse des *almées* est surtout composée d'attitudes voluptueuses, attitudes que ces femmes savent adapter aux faits que relatent leurs chants et aux scènes en vers qu'elles débitent assez ordinairement avec un véritable talent.

Les *almées* sont le plus souvent de belles femmes et toujours de complaisantes personnes.

Les *almées* ne sont point admises dans l'intimité des familles respectables [2].

L'existence débraillée des danseuses en Orient y a fait de la danse un exercice déshonnête auquel les dames du monde ne se livrent point.

En Orient, les hommes ne dansent pas, ils sont musiciens instrumentistes. Les femmes dansent, chantent et déclament.

Les gouverneurs des grandes provinces, en Perse, ont généralement dans leur train de maison une bande de danseuses et une bande de musiciens. Les femmes y sont plus nombreuses, afin de parer aux vides que font parmi elles les indispositions passagères.

Dans l'Asie moyenne comme dans l'Inde, il n'y a pas de fêtes sans danseuses. En Perse elles sont appelées à tous les grands festins nommés *megelez*, c'est-à-dire *assemblées*, et aussi à toutes les audiences des ambassadeurs.

Mais, en somme, malgré leur fréquente intervention dans

---

[1] Dupeuty-Trahon, *Moniteur indien, passim*.
[2] E.-W. Lane, *Manners and Customs of the modern Egyptians, passim*.

le monde officiel et dans les familles, *bayadères* ou *almées*, les danseuses sont dans tout l'Orient une classe de femmes aux mœurs légères et faciles, et pour cela notées d'infamie et excommuniées de toute honnête société [1].

CONCLUSION.

J'en ai fini. Parcourant le programme que m'avait tracé la communication de M. de Ujfalvy, j'ai pu constater :

1° Que l'incident d'immersion de la dame tibétaine, dont il nous a parlé comme d'une circonstance purement plaisante, renferme au contraire un enseignement ethnique de quelque importance ;

2° Que les *Dardis* dont a parlé M. de Ujfalvy après Klaproth, après le docteur Leitner, sont, contrairement à ce qu'il a cru, d'origine mongole, comme les *Daldis* du colonel Prjévalski, qui les a vus dans la province mongole de Kan-sou pour ainsi dire sur leur berceau ;

3° Que les *Gètes* et les *Massagètes* de l'antiquité historique étaient d'origine dite aujourd'hui mongole au même titre que les *Darada* des écrivains sanscrits, les *Daradæ* des classiques latins et les *Daradai* des auteurs grecs, ce qui explique la présence d'une colonie de *Dardis* sur un territoire anciennement occupé par les *Massagètes* ;

4° Que chez les *Massagètes* de l'antiquité historique les femmes ont pratiqué la polyandrie dans des conditions spécifiées ;

5° Que les races du Tibet sont mongoles ;

6° Que les raisons de politique religieuse qui ont maintenu la polyandrie au Tibet relèvent du lamaïsme bouddhique et que leur influence semble devoir persister longtemps encore ;

7° Que le stigmate que portent au vertex les Tibétains des deux sexes a une signification de consécration religieuse dont j'ai spécifié l'origine ;

[1] Chardin, *Voyage en Perse*, Amsterdam, 1735, t. Ier, p. 224 et suiv.

8° Que la prostitution est et a toujours été en Asie, comme en Europe, une pratique dégradante et marquée d'infamie;

9° Que les devoirs de l'hospitalité obligent les dames, chez quelques peuplades de l'Asie centrale, à pourvoir, envers l'hôte reçu, à des soins qui contrastent si bien avec nos habitudes européennes, qu'il y a lieu à méprise pour l'hôte à qui s'appliquent ces soins, s'il est insuffisamment préparé ;

10° Que, chez quelques tribus ou peuplades de l'Asie, les hommes n'attachent pas à la virginité des femmes qu'ils doivent épouser la haute estime que nous en faisons ;

11° Que dans l'Inde brahmanique les ménages sans enfants sont autorisés par les lois de Manou à se réclamer, pour combler ce déficit de famille, des complaisances intimes d'un collatéral notoirement prolifique ;

12° Que les *bayadères* et les *almées* sont, dans toute l'Asie, indique et musulmane, des classes de femmes hors cadre social, faites aux yeux de tous pour le plaisir des sens et l'agrément de l'intimité brutale.

De grands développements peuvent être donnés à chacune de ces questions, qui, pour la plupart, ont une portée historique de l'ordre le plus élevé ; mais, dans les conditions où elles se sont produites, j'ai dû, le plus souvent, me borner à de simples indications, estimant d'ailleurs, si mes observations ont la faveur de provoquer des éclaircissements contradictoires, que j'aurai au moins bien mérité de ma conscience. »

DARDES ET MONGOLS

RÉPONSE A M. GIRARD DE RIALLE

LUE A LA SÉANCE DU 21 DÉCEMRRE 1882.

J'ai écouté, avec toute la déférence que doit un novice à son ancien, la leçon que M. Girard de Rialle a cru devoir m'administrer, à notre réunion du 2 novembre dernier, sur le thème de ma communication — Kachmir et Tibet — du 6 avril de cette année.

Notre collègue a trouvé mon travail semé d'hérésies et, avec la franchise de bon aloi, qui est ici notre apanage commun, il a dénoncé mes hérésies. C'est, à l'en croire, par douzaines, qu'il faut les compter.

Mon cas est grave; si grave qu'il soit, j'espère bien cependant me tirer honorablement d'affaire.

Vous vous rappelez que, le 6 du mois d'avril dernier, revenant moi-même sur une communication que nous avait faite, le 16 du mois de mars précédent, M. de Ujfalvy, j'avais eu à parler des *Dardis*, et que, me basant sur les données historiques et topographiques consignées dans les ouvrages des géographes et des historiens grecs et latins, ou fournies par les lettrés chinois, j'étais arrivé à cette conclusion : que les *Dardis* dont a parlé M. de Ujfalvy, après Klaproth, après le docteur Leitner, sont d'origine mongole, comme les *Dal-*

dis du colonel Prjévalski, qui les a vus en Mongolie, dans la province de Kan-sou [1], où ils se trouvent être là, pour ainsi dire, sur leur berceau primitif ; de plus, que les *Gètes* et les *Massagètes* de l'antiquité historique étaient d'origine dite aujourd'hui *mongole*, au même titre que les *Daradas* des écrivains sanscrits, *Daradœ* des classiques latins, *Daradai* des auteurs grecs, ce qui, à mon sens, devait expliquer la présence d'une colonie de *Dardis* sur des territoires anciennement occupés par des *Massagètes*.

Critique concis, trop concis, sec, tranchant et incisif, M. Girard de Rialle, mal content des développements que j'ai fournis, heurté, dans ses sentiments de savant, par les conclusions que j'en ai fait ressortir, a relevé une à une, et avec une complaisance peut-être affectée, les erreurs qu'il m'attribue et a condamné avec solennité les conclusions que je viens de rappeler.

Les griefs de M. Girard de Rialle sont nombreux et puisque j'entends répondre à tous, il convient de les faire connaître par le menu.

La guerre — guerre courtoise — que me fait notre savant collègue, s'est acharnée contre moi aux circonstances les moins intéressantes comme aux questions les plus graves, et vous allez voir qu'en athlète sûr de lui, bien posé et bien pensant, il ne s'épargne point pour redresser les torts de ses aventureux collègues.

Mes torts, il les a trouvés nombreux ; en voici la litanie :

J'ai dit : *Dardi ;* si nous en devons croire notre savant collègue, j'aurais dû dire : *Dardou.*

J'ai avancé que les Chinois, manquant dans la gamme de leurs consonances de l'articulation *R*, la remplacent, pour la transcription des mots étrangers, par l'articulation *L*, et

---

[1] La province de *Kan-sou* ou *Kan-so* a été formée des deux départements de *Kan-tcheou* et de *So-tcheou*, détachés du territoire ancien de la province de *Chèn-si* ; son nom est fait des noms de ces deux départements, elle s'étend du 96e au 104e degré de longitude et du 30e au 40e degré de latitude ; nous verrons plus loin que nous sommes bien là en Mongolie.

notre savant collègue, qui a besoin que *Daldi* ne soit pas le même mot que *Dardi*, insinue que mon observation orthographique pourrait bien n'être qu'un manège à mon usage particulier ;

J'ai affirmé que le territoire compris entre le Kaboul, le Badakhshan et le Kachmir, était l'ensemble des contrées, le plus ordinairement et pour des temps anciens, dévolues aux Aryas-Bactriens, et notre savant collègue s'est indigné ;

Je me suis appuyé sur les géographes grecs pour montrer, dans les temps anciens, les *Gètes* et les *Massagètes*, établis dans le sud-ouest au-delà de l'Oxus, et M. Girard de Rialle assure qu'en parlant ainsi j'ai calomnié la mémoire des géographes grecs ;

Sans compter avec les distances et les obstacles, j'ai fait voyager les bandes de l'émigration scythique à travers des contrées que M. Girard de Rialle croit impraticables ; et à ce propos notre savant collègue met à ma charge une lourde erreur géographique ;

J'ai soutenu que les Tibétains, venus du nord de la Chine, sous des noms particuliers que j'ai indiqués, sont ainsi d'origine mongole, et notre savant collègue assure que j'ai forfait à l'ethnographie ;

Quant aux Mongols, dont j'ai cependant fort peu parlé, les erreurs par moi commises à leur sujet seraient, à s'en rapporter à mon savant contradicteur, de celles qui sont honteuses, et s'il n'a pas requis contre moi la peine du « bonnet d'âne » à perpétuité, c'est qu'il a le cœur bon et peut-être bien aussi le sentiment intuitif d'une presciente confraternité.

I

A bien compter, il y a, dans l'ensemble des griefs formulés par M. Girard de Rialle, une douzaine de questions à résoudre ; les unes, comme je l'ai déjà dit, de réelle importance, les autres sans grande portée. Et il est bien certain que, si je ne craignais pas de paraître me dérober et vouloir esquiver

les provocations de notre savant collègue, il est quelques-
unes des objections qu'il a soulevées, il est telles de ses critiques auxquelles je ne répondrais pas, parce que je les tiens
pour si secondaires et si notoirement mal fondées, que le re-
dressement que j'en dois faire, aussi succinct que je le puisse
établir, nous prendra, à moins de n'en rien dire, plus de
temps qu'elles ne méritent.

II

En tête de ses objections, et comme pour me dire que je
ne connais pas même le premier mot de ce dont j'ose parler,
M. Girard de Rialle a placé cette critique : « Vous avez dit
Dardi, c'est *Dardou* qu'il faut dire, comme on dit *Hindou*. »

J'avoue que j'avais tout bonnement accepté de nos devanciers : Abel Rémusat, Klaproth, Langlois[1], Troyer et des
voyageurs modernes, Ujfalvy, Prjévalski, le mot *Dardi*, sans
m'informer s'il est ou non une expression de quintessence
ethnographique ; et dans ma bonhomie, je me croyais, sous
ce rapport, derrière mes gigantesques patrons, bien à l'abri
de toute imputation fâcheuse.

L'observation de M. Girard de Rialle a excité ma curiosité
et je vais montrer à notre savant collègue qu'il eût eu un
grand avantage à ne pas faire sur ce mot : *Dardi*, de l'érudition transcendante.

On doit dire *Dardou*, comme on dit *Hindou :* ainsi parle
M. Girard de Rialle.

Evidemment, si mon contradicteur trouve, dans cette
phrase brève et sèche, la satisfaction de ses appétits scientifiques, c'est qu'il voit une corrélation légitime entre *Hindou*
et *Dardou*. Je ne peux m'expliquer sa préférence qu'à cette
condition, et alors je me demande sur quoi repose cette cor-

---

[1] Vérification faite depuis la lecture de ce mémoire, je trouve que
Langlois dit : *Durds* et non *Dardis*.

rélation nécessaire, et ici tout à fait indispensable, pour motiver une préférence.

La désinence en *ou* a-t-elle une valeur ethnique, spécificative d'une race, d'un climat, d'une situation topographique y exprimée ? Non, absolument non ! A-t-elle une valeur grammaticale qui en commande, ou qui seulement en recommande l'emploi ? Pas davantage ! et les textes sanscrits qui écrivent *Hindou*, écrivent *Cambodjas* pour les Arachosiens, *Yavanas* pour les Grecs, *Sacas* pour les Sacques, *Paradas* pour les Paropamisiens, *Palhavas* pour les Persans, *Tchinas* pour les Chinois, *Daradas* pour les *Dardis*.

Il semblerait donc, à nous en rapporter aux textes sanscrits, qui sur la question ont une importance réelle, que le corrélatif de *Hindou* est *Darada* et non *Dardou*.

Pour que *Dardou* pût à juste titre arriver comme le corrélatif de *Hindou*, il faudrait en effet que l'on pût nous faire lire dans les textes sanscrits : *Cambodjou* au lieu de *Cambodjas*, *Yavanou* au lieu de *Yavanas*, *Sacou* au lieu de *Sacas*, *Paradou* au lieu de *Paradas*, *Palhavou* au lieu de *Palhavas*, *Tchinou* au lieu de *Tchinas*. Il n'en est pas ainsi, et je suis d'autant plus étonné de la préférence que donne notre collègue à *Dardou* sur *Darada*, que lui-même, au cours de ses critiques, s'est complu à ressasser avec leur désinence en *as* toutes les appellations ethniques que je viens de rappeler.

Si d'ailleurs, nous en rapportant à la règle dont M. Girard de Rialle a lui-même posé les principes, des deux mots *Hindoustan* et *Dardistan* — l'un et l'autre formés d'une appellation ethnique et de l'affixe *stan* qui signifie *contrée* — nous retranchons l'affixe *stan*, il nous restera *Hindou* et *Dardi*, et alors ce n'est pas *Dardou*, mais bien *Dardi* qui est en réalité et, au nom de la règle posée par M. Girard de Rialle, le corrélatif de *Hindou*.

Dès que nous n'utilisons pas le mot sanscrit *Darada*, je ne vois donc pas de bonnes raisons pour préférer *Dardou* à *Dardi*, qui, lui, a du moins reçu la sanction du temps par l'emploi presque exclusif qu'en ont fait nos devanciers, gens dont la science vaut bien celle de notre collègue.

Mais, si je ne connais pas de bonnes raisons capables de légitimer la préférence à donner au mot *Dardou* sur le mot *Dardi*, il est bien certain qu'il en existe au moins une, mauvaise et détestable. *Dardou* est une injure, une injure sanglante que les Kachmiri de mauvaise humeur décochent avec aigreur contre les habitants du Dardistan.

M. le major Biddulph, agent politique du gouvernement anglais de l'Inde, a, durant six années, résidé dans le Dardistan. Observateur par tempérament et par emploi, homme d'intelligence et d'étude, le major Biddulph a mis son temps a profit et en l'année 1880, sous le titre de : *Tribes of the Hindoo Koosh* (Tribus de l'Hindou-Kouch), il a publié à Calcutta un important ouvrage sur l'Ethnique et la Linguistique des tribus de l'Hindou-Kouch.

Dans son livre, M. le major Biddulph nomme *Dards* les habitants du Dardistan [1], ce qui infirme déjà d'une manière sensible la valeur de la préférence que M. Girard de Rialle affecte pour ce mot *Dardou*, et quant à ce mot *Dardou*, il ajoute que les habitants du Dardistan le repoussent comme une injure. « Pourquoi me nommez-vous *Dardou* » ? est, dit le major Biddulph [2], une question que les habitants de Gilgit, visitant Kachmir, ont fréquemment occasion d'adresser aux Kachmiri, et la réponse qu'il fait connaître témoigne hautement de l'intention injurieuse des Kachmiri à l'égard des gens de Gilgit, quand ils les appellent *Dardou*.

« C'est, répondent en effet les Kachmiri, parce que vous descendez d'un ours » [3]. Et le major Biddulph ajoute que dans l'esprit des Kachmiri ce mot *Dardou* revêt le sens de voleur

---

[1] *Tribes of the Hindoo Koosh*, chap. xiv, p. 156.

[2] *Why do you call me Dardoo?* Même ouvrage, chap. xiv, p. 157.

[3] « Because your grandfather was a bear »; littéralement : parce que votre grand-père était un ours. Même ouvrage, chap. xiv, p. 157.

et de malfaiteur [1]. Ainsi donc, pour désigner honnêtement un habitant du Dardistan, ce mot vaut moins que le mot *Rural*, qui a eu cours un instant à Paris pour désigner un habitant des départements ; moins encore que le mot *Cockney* pour désigner un habitant de Londres.

Dans ces conditions : ou bien je franciserai tout à fait le mot, et je dirai : *Darde*, comme nous disons : *Sarde*, comme nous disons : *Parthe*, ou bien je m'en tiendrai au mot *Dardi*, que le temps et des autorités considérables ont consacré, et comme, dans l'un et l'autre cas, je suis assuré de ne blesser ni les convenances prochaines ni les convenances lointaines, je n'accepte pas, sur ce point, la leçon, à mon avis incorrecte, de M. Girard de Rialle.

III

Même après cette longue dissertation j'ai à parler encore des *Dardis* ou du moins du mot *Dardi*. Ce que je peux avoir à dire maintenant à l'occasion de ce mot change la nature de la discussion.

Je veux ici dénoncer et repousser un procédé d'argumentation qui ne devrait pas avoir sa place chez nous et entre nous et qui joue cependant un rôle presque prépondérant dans l'exposé des griefs qu'a relevés à ma charge M. Girard de Rialle parlant sur ma communication du 6 avril dernier.

A propos du mot *Daldi*, qui intervient dans le livre : *Mongolie et Pays des Tangoutes*, de M. le colonel Prjévalski [2], j'ai fait observer, en reprenant le mot pour mon compte, qu'il est exactement le même que *Dardi*, parce que les Chinois remplacent l'articulation *R*, qu'ils n'ont pas, par l'articulation *L*, qui fait partie de la gamme phonétique de leur vocabulaire.

---

[1] The name **Dard** may have come to be used as an ethnological term in the same way as *Dahyu* a *robber*. Même ouvrage, chap. xiv, p. 157.

[2] Un volume in-8°, Hachette et Ce, 1880.

Notre collègue a bien voulu répéter mon observation, mais il la fait suivre d'une phrase restrictive de sa valeur réelle. Les choses sont ainsi, « d'après M. Beauregard, » a ajouté M. Girard de Rialle. J'ai eu tort sans aucun doute de négliger, après avoir fourni mon renseignement, d'en faire suivre l'énonciation d'une note indicative de l'ouvrage, du tome, du chapitre, du paragraphe, de la page et de la ligne où s'en pouvait trouver la confirmation ; mais, fournissant un renseignement que je croyais, entre nous et chez nous, acquis d'avance, il ne m'est pas venu à l'esprit qu'il fût nécessaire d'une aussi minutieuse précaution.

Toutes les grammaires chinoises éditées en France, et elles sont nombreuses, pouvaient, s'il eût bien voulu prendre la peine de les consulter, édifier notre savant collègue.

Tout spécialement dans ses *Eléments de la grammaire chinoise*, Abel Rémusat lui eût offert, page 24, la preuve de l'absence de l'articulation *R*, et, dans son premier volume des *Mélanges asiatiques*, pages 4 et 5, il eût appris comment, bien malgré eux, les Pères Jésuites des missions de la Chine ont dû, dans la traduction en chinois du Nouveau Testament, transfigurer en *Ki-li-sse-tou* le mot *Christo* où figure un *R*. Dans la *Grammaire mandarine* de Bazin il eût trouvé le mot *France* transcrit de six manières différentes, mais toujours avec la substitution de *L* à *R*, à côté du mot *Paris*, qui a trois variantes de transcription.

Ailleurs encore, car les moyens d'information ne manquent pas, sans recourir aux grammaires chinoises pour s'édifier sur l'objet en question, rien qu'en lisant avec quelque attention l'histoire des Mongols, qu'il a dû suivre de près, comme nous le verrons tout à l'heure, notre collègue eût trouvé, dans les notes dont Quatremère accompagne sa traduction de Raschid-eldin, de suffisantes informations sur l'objet qui nous occupe. Là, sous l'imposante garantie du traducteur, M. Girard de Rialle eût pu lire cette phrase tout à fait explicite : « C'est entre les sources de ces deux rivières et celles de la *Toula*[1] que l'on doit chercher *Sari-Kouhour*, où Tchinghis-khan tenait ordinairement sa cour, et qui était située sur une rivière du même nom que les Chinois appellent *Sali*, parce qu'ils n'ont pas de *R* dans leur langue[2]. » Le *Dictionnaire des villes et arrondissements de l'empire chinois*[3], par Edouard Biot, convenablement étudié, eût aussi donné satisfaction à notre collègue.

Dans un ouvrage, dont M. Girard de Rialle ne peut pas ignorer l'existence, dans les *Mémoires sur les contrées occidentales* de Hiouen-thsang[4], mémoires écrits en chinois, mais que Stanislas Julien a mis à la portée de tous les érudits des classes élémentaires, il aurait pu prendre à pleines mains, sur la question qu'il réserve, des enseignements multipliés et positifs et, par exemple, il y aurait appris que la transcription chinoise de *Gandhara* est *Kian-to-Lo ;* celle du mot *Kachmir*, *Kia-chi-mi-Lo ;* celle du mot *Djalandara*, *Chia-lan-to-Lo*, transcriptions qui attestent de la façon la plus énergique le remplacement constant et obligé de l'articulation *R* par l'articulation *L*.

Enfin, dans un précieux ouvrage qui a pour titre : *Méthode pour déchiffrer et transcrire les noms sanscrits qui se rencontrent dans les livres chinois*[5], Stanislas Julien a fourni avec ampleur,

---

[1] Cette rivière, après avoir reçu plusieurs affluents, prend le nom d'*Ork-hon* et plus loin celui de *Sélinga*. La Sélinga se perd dans le lac Baïkal. (Pauthier, *Voyage de K'Hiéou*, surnommé Tchang-Tchim (Long Printemps), p. 9.)

[2] *Histoire des Mongols de la Perse, écrite en persan par Raschid-eldin, publiée, traduite en français, accompagnée de notes et d'un mémoire sur la vie et les ouvrages de l'auteur,* par M. Quatremère. Paris, Imprimerie royale, 1836 (p. 117, note)

[3] Voici le titre complet de cet ouvrage : *Dictionnaire des noms anciens et modernes des villes et arrondissements de premier, deuxième et troisième ordre compris dans l'empire chinois*, par Edouard Biot, Paris, 1842.

[4] *Mémoires sur les contrées occidentales*, traduits du sanscrit en chinois en l'an 648 par Hiouen-thsang, et du chinois en français par Stanislas Julien. Paris, Imprimerie impériale, 1857.

[5] Voici le titre complet de cet important ouvrage : *Méthode pour déchiffrer et transcrire les noms sanscrits qui se rencontrent dans les livres chinois à l'aide de règles, d'exercices, et d'un répertoire de onze cents caractères chinois idéographiques employés alphabétiquement, inventée et démontrée* par M. Stanislas Julien. Paris, Imprimerie impériale, 1861.

aux esprits curieux de s'instruire sur ce point spécial, tous les éléments nécessaires à la bonne conduite des transcriptions qui doivent faire passer régulièrement les noms propres d'une langue dans l'autre ; et, par exemple, page 32, 1re partie, de l'ouvrage que je viens d'indiquer, on trouve que la semi-voyelle sanscrite *Ra* peut être transcrite par cinq caractères chinois qui se prononcent *LO*, comme nous l'avons vu dans *Kian-to-Lo* pour Gandhara ; dans *Kia-chi-mi-Lo* pour Kachmir ; dans *Chia-lan-to-Lo* pour Djalandara.

Par ces notions, qu'il pouvait si facilement acquérir, mon contradicteur se fût soulagé d'une réserve *ad hominem* qui a dû coûter tout autant à son amour-propre de savant qu'à sa courtoisie de bienveillant collègue et nous eussions eu l'avantage de nous trouver d'accord sur ce point, où la controverse n'est pas possible.

IV

Suivant pas à pas notre collègue, je devrais examiner ici l'opinion négative qu'il a émise sur la valeur ethnique des *Dardis*, qui sont pour lui gens tombés de la lune ; car il nie leur origine mongole, mais il ne leur en assigne pas une autre. Il est pourtant certain, ainsi que l'enseigne Brid'oison, que l'on est toujours le fils de quelqu'un et comme, quant aux *Dardis*, la recherche de la paternité n'est pas interdite, un petit effort de recherche sur ce point, de la part de notre collègue, eût été un témoignage de bonne volonté dont pour ma part je lui eusse su gré.

Quoi qu'il en soit, l'examen de cette question de l'origine des *Dardis* viendra tout naturellement, quand, plus tard, je parlerai des *Mongols*, de qui je les fais descendre ; et, sans m'attarder ici plus longtemps, je continue ma campagne contre les méprises héroïques de M. Girard de Rialle.

V

Ma communication du 6 du mois d'avril dernier contient les lignes dont voici l'exacte et textuelle reproduction : « Il s'agit de savoir qui, dans l'antiquité, des peuples historiques que je dénommerai tout à l'heure, ou des *Dardis* de Klaproth, du docteur Leitner et de M. de Ujfalvy — quels que soient d'ailleurs chez ces *Dardis* le poil et l'ouverture de l'angle facial — a occupé les territoires que M. le docteur Leitner a spécifiés ainsi : « Dans le sens le plus large le Dar- « distan comprend les pays situés entre le Kaboul, le Badakh- « shan et le Kachmir ; ce serait un triangle ayant pour base « Peshawer. » Dans ces conditions de délimitation, le Dardistan serait l'ensemble des contrées, le plus ordinairement, et pour des temps anciens, dévolues — à tort ou à raison, je ne veux pas le savoir ici — aux Aryas-Bactriens [1]. » M. Girard de Rialle, après avoir reproduit ce texte, l'a fait suivre sans autre commentaire de cette courte observation : « Non ! la contrée dévolue aux Aryas-Bactriens, c'est l'Inde. »

Cette riposte alerte et serrée qui m'arrive comme un coup droit, accuse au moins une distraction de la part de notre collègue.

Ce que je vais dire, M. Girard de Rialle le sait aussi bien que moi et il ne lui a manqué, c'est certain, qu'un peu de réflexion pour se garer d'erreur.

Depuis que la science moderne s'occupe des Aryas, — et elle a produit de gros livres à leur sujet, — elle les a divisés en trois catégories. Elle a distingué : les *Aryas-Bactriens* proprement dits ; les *Aryas-Iraniens*, qui sont une expansion vers l'ouest des *Aryas-Bactriens ;* les *Aryas-Hindous*, qui sont une expansion vers l'est des *Aryas-Bactriens*, et ce n'est un secret pour personne ici et ailleurs que l'Iran ou la Perse était le domaine dévolu aux *Aryas-Iraniens* et l'Inde aux

---

[1] Page 253 des *Bulletins,* mars et avril 1882 ; et p. 18 du tirage à part.

Aryas-Hindous, tandis que les contrées intermédiaires entre la Perse et l'Inde, à savoir : le Kaboul, le Badakhshan et les hautes vallées de l'Oxus, étaient, exactement comme je l'ai dit, le patrimoine des *Aryas-Bactriens*. Je ne méritais donc pas d'être repris ni durement ni autrement, puisque, après les plus autorisés, et une fois de plus, j'énonçais tout simplement une vérité axiomatique.

Mais, comme je l'ai déjà fait remarquer, cette malencontreuse boutade ne peut être de la part de notre savant collègue qu'une innocente distraction. On peut en effet commettre de plus graves erreurs. Par exemple, celle que je vais immédiatement relever.

VI

Il s'agit des géographes grecs, dont M. Girard de Rialle m'accuse d'avoir compromis la véracité.

Il assure en effet qu'en me targuant de leur appui pour affirmer la présence des *Gètes* et des *Massagètes* dans le sud, au-delà de l'Oxus, j'ai commis un affreux abus de confiance, car, ajoute notre savant collègue, les géographes grecs ont tous indiqué le fleuve Iaxartes, aujourd'hui Syr-Daria, comme l'extrême limite que, de leur temps, n'ont point dépassée les *Massagètes*.

La mémoire de notre collègue l'a trahi, et je vais prouver que tous les géographes grecs, qui ont parlé des contrées qui nous occupent, ont, contrairement aux assertions de M. Girard de Rialle, mentionné les établissements des *Gètes* et des *Massagètes* dans le sud, au-delà et dans le voisinage de l'Oxus.

Denis le Periégète est un géographe grec contemporain d'Auguste, il enseigne que de son temps les *Massagètes* avaient passé l'Araxe[1].

L'Araxe est un fleuve qui se décharge dans le sud de la

[1] Denis le Périégète, vers 739 et 740.

mer Caspienne. Il a été longtemps la limite séparative de l'Arménie et de la Médie.

Strabon, qui a vécu sous Auguste et Tibère, est aussi un géographe grec, il constate que les *Massagètes*, voisins de l'Hyrcanie, savent tirer de leur fleuve Araxe de grands avantages pour la culture [1].

Ptolémée, l'Alexandrin, contemporain d'Adrien et de Marc-Aurèle, est bien aussi un géographe grec ; il atteste la présence des *Massagètes* dans la Margiane, province située à l'orient de l'Hyrcanie et dans le voisinage de l'Oxus [2].

Les géographes grecs ont donc parlé de l'établissement des *Massagètes* au-delà de l'Oxus, et sur ce fait il y a entre eux unanimité et concordance.

Voici d'ailleurs, en contre-épreuve, le sentiment des auteurs latins sur la question.

Pomponius Mela, géographe latin de la première moitié du premier siècle de notre ère, place des *Massagètes* dans le voisinage de la mer Caspienne et à proximité des Hyrcaniens et des Ibères [3].

Les historiens latins, les historiens grecs nous donnent sur l'établissement des *Massagètes* au-delà de l'Oxus des témoignages identiques à ceux des géographes.

Ainsi Justin, écrivain latin de l'époque d'Antonin, atteste après Trogue-Pompée, dont il est l'abréviateur, la présence des *Massagètes* sur l'Araxe [4], et si nous remontons de cinq siècles le courant de l'histoire, nous trouvons chez Hérodote cette même attestation de la présence des *Massagètes* sur l'Araxe [5].

Nous savons que l'Araxe se déverse dans le sud de la mer Caspienne, et cette position indique un éloigne-

---

[1] Strabon, liv. XI, § 6, p. 483, t. IV. Edit. de Leipsick, 1806.
[2] *Géographie* de Cl. Ptolémée, liv. IV, chap. x. Edit. in-fo, Amsterdam, 1619, p. 183.
[3] Pomponius Mela, liv. 1, chap. ii, p. 22. Edit. de la Haye, 1782.
[4] Justin, liv. 1, chap. viii.
[5] Hérodote, *Clio*, p. 205.

ment de l'Oxus qui se traduit par plusieurs centaines de lieues [1].

Il est donc bien certain qu'en m'appuyant sur les géographes grecs pour attester la présence des *Massagètes* au-delà de l'Oxus, à une époque antérieure à l'éclosion de notre ère, je n'ai pas forfait à la véracité des géographes grecs, véracité qui, dans ces derniers temps, a reçu, quant aux *Gètes* et aux *Massagètes*, une éclatante consécration des assertions conformes de l'histoire et de la géographie des Chinois pour les temps anciens.

Je n'ai point à revenir ici sur ces précieuses attestations des auteurs chinois. Je les évoquerai plus tard, et je passe à l'examen d'un autre grief de M. Girard de Rialle.

VII

Je ne peux pas douter et je ne doute pas que la critique que notre collègue a dirigée contre mes notes — Kachmir et Tibet — ne lui ait été inspirée par son vif appétit de vérité, et j'ajoute, en toute sincérité, que si j'en doutais, je serais un ingrat.

Fidèle observateur de ce proverbe quelque peu narquois, qui nous enseigne que l'on ne prête qu'aux riches ou aux personnes que l'on croit riches, M. Girard de Rialle, ajoutant à ses autres libéralités du même genre, me prête en effet une erreur que je n'ai pu commettre, puisque, telle qu'il la présente, telle qu'il la formule, l'erreur, dont il faut cependant

---

[1] Il convient de faire observer ici que quelques critiques, au nombre desquels Vossius, pensent que le fleuve Araxe doit être l'Oxus. Cette appréciation peut et doit être juste, et pour Hérodote et pour Justin. Tous les deux parlent de l'Araxe à propos de la défaite de Cyrus par Tomyris. Dans ce cas l'Araxe doit s'entendre chez Hérodote et Justin du Jaxarte, mais les géographes grecs et les géographes latins précisent trop minutieusement la position de l'Araxe dont ils parlent, pour qu'il y ait chez eux prétexte à rectification. C'est d'ailleurs dans le sens de la valeur du Jaxarte, que j'ai cru pouvoir interpréter l'*Araxe* d'Hérodote (voir p. 256 des *Bulletins*, mars et avril 1882, et p. 21 du tirage à part).

que je me défende, relève de détails qui ne m'ont point occupé.

C'est à peine, en effet, si, au cours de ma communication
du 6 du mois d'avril dernier, j'ai fait allusion, sans d'ailleurs
rien discuter à ce sujet, à l'itinéraire de migration des tribus de nomades dont j'ai parlé.

Notre collègue cependant me reproche, à titre d'erreur
géographique, de n'avoir tenu compte, ni des distances, ni
des obstacles naturels, pour amener les *Gètes* et les *Massagètes* dans les positions où je signale leur présence.

Un tel reproche m'a surpris, et pourtant, si j'avais eu
quelque lueur d'intelligence, j'aurais dû deviner ce reproche,
car notre savant collègue lui-même m'y avait pour ainsi dire
préparé.

M. Girard de Rialle a écrit un livre sérieux, un *Mémoire
sur l'Asie centrale*, où il a fait preuve de savoir et aussi de sa-
voir-faire. C'est dans ce livre que, pour la première fois, j'ai
rencontré l'argument de la distance et des obstacles [1], et
puisqu'il avait versé une première fois dans cette ornière,
notre collègue devait y verser encore. J'aurais dû le comprendre.

Chacun de nous a ses marottes qu'il caresse, ses faiblesses
qu'il subit. Je ne sais pas et ne veux pas savoir quelles
sont les marottes que caresse M. Girard de Rialle, mais
je crois pouvoir affirmer qu'au nombre de ses faiblesses,
s'il en a plusieurs, il souffre de celle qui se traduit par
l'horreur des voyages de long cours et des difficultés de
route.

Il n'est pas possible d'expliquer autrement cet argument
chronique de la distance et des obstacles chez un homme de
science qui n'ignore pas, qui ne peut pas ignorer, car il a
cent fois occasion de le lire, de se le dire et de le dire, que
les Aryas du Pamir ou du Caucase — je fais intervenir ici le
Caucase pour ne pas m'attirer une affaire avec Mme Royer —

---

[1] Girard de Rialle, *Mémoire sur l'Asie centrale.* 2e édit., p. 37.

que les Aryas du Pamir ont, depuis cinq ou six mille ans, couru tous les chemins bons ou mauvais du monde occidental et du monde oriental ; que les Huns, partis de l'Altaï, sont depuis 800 ou 900 ans en Hongrie ; qui sait que les *Toukioue,* les Turcs, partis aussi du voisinage de l'Altaï, tiennent depuis cinq siècles Constantinople et se sont avancés jusqu'à Vienne ; qui sait que les Berbères, Asiatiques d'origine, occupent depuis tantôt 4 000 ans le nord-ouest de l'Afrique.

Nous avons nos Flatters et nos Crevaux ! mais nos devanciers de tous les temps et de toutes les races ont eu aussi leurs martyrs. Et, tenez, je relève dans les Annales des Huns une histoire toute faite, au début comme à la fin, de péripéties sinistres. Elle nous apprend que l'on avait, au temps passé, pour avancer dans la possession du monde, d'aussi pénibles difficultés à vaincre que nous en avons de nos jours.

La légende que je vais rapporter est d'ailleurs assez transparente pour nous instruire et nous encourager, s'il en était besoin. Le récit en est bien un peu long, mais je n'en veux rien retrancher et je copie de Guignes :

« Je ne crois pas devoir négliger ici, dit-il, ce que les historiens du pays rapportent sur l'origine des Turcs, ou plutôt sur le rétablissement de cette nation. J'ai remarqué que les deux empires des Mogols et des Tartares, dont parlent les historiens persans, étoient, suivant toutes les apparences, les deux empires des Huns du Nord et des Huns du Midi, si connus dans l'histoire chinoise. Après la destruction de celui des Mogols ou des Huns du Nord, Kaïan et Nagos, le premier fils et le second neveu du dernier empereur, avoient échappé au massacre général que les Tartares avoient fait de la nation mogole, et quoiqu'ils eussent été faits prisonniers, tous les deux, à peu près du même âge, s'étoient mariés dans la même année, avoient ensuite trouvé le moyen avec leurs femmes de se sauver et de retourner dans leur pays, d'où, après s'être emparés des chevaux, des chameaux et de tous les bagages de ceux qui avoient été tués, ils sortirent pour aller chercher une retraite plus sûre au milieu des montagnes du pays. Ils découvrirent un petit sentier fait par de certains animaux, appelés en langue tartare *Archara*, mais si étroit, qu'il n'y pouvoit passer qu'un homme à la fois; il étoit environné des deux côtés de précipices affreux. Les Turcs fugitifs s'y engagèrent et entrèrent ensuite dans une plaine fort agréable qui étoit entrecoupée de ruisseaux. Ils se fixèrent dans ce lieu inaccessible où, pendant l'hiver, ils vécurent de chair ; pendant l'été, de laitage et de fruits. Ils donnèrent à cette contrée le nom de Erkené-Kom (vallon bordé d'escarpements, inaccessible).

« La postérité de ces deux chefs turcs se multiplia dans cette vallée. Celle de Kaïan (torrent impétueux), la plus nombreuse, fut appelée Kaïath. Celle de Nagos fut divisée en deux branches principales, dont la première porta le nom de Nagoster et la seconde celui de Derlighin. Tous ces peuples demeurèrent dans la vallée d'Erkené-Kom pendant plus de 400 ans et s'y partagèrent en différentes tribus ou hordes. Dans la suite, s'y trouvant trop resserrés, ils convinrent, dans une assemblée générale, de reprendre le chemin de leur ancien pays. Il ne s'agissoit plus que de retrouver ce fameux sentier qui y conduisoit et dont on avoit perdu la connoissance. Toutes les recherches furent inutiles et il fallut avoir recours au merveilleux. On rapporte qu'un maréchal, qui avoit examiné avec attention cette montagne, découvrit un endroit moins épais et d'autant plus favorable qu'il n'étoit composé que de matières ferrugineuses. Il proposa d'y mettre le feu ; on y appliqua soixante et dix soufflets de cuir à l'aide desquels on fit fondre ce métal, ce qui ouvrit un chemin par lequel un chameau chargé pouvoit passer. Toute la nation sortit, et, pour conserver la mémoire de cet événement, les Mogols célébroient tous les ans une fête : elle consistoit à mettre rougir dans un grand feu un morceau de fer sur lequel le Khan venoit donner le premier coup de marteau et, après lui, tous les chefs des hordes, pendant que le peuple faisoit la même cérémonie dans chaque horde [1]. »

Cette légende est la consécration épisodique de la réapparition des Mongols septentrionaux et remonte à l'année 545 de notre ère.

Si je la comprends bien, elle signifie que, forcés, pour se soustraire à une entière destruction, de s'enfermer d'abord dans un centre montagneux presque impénétrable, les Turcs-Mongols, désireux plus tard de reprendre leur essor, mirent le feu aux forêts qui obstruaient les passages d'issue de leur retraite ; que par l'ardeur du feu les roches, tout à l'heure difficilement attaquables, furent calcinées et cédèrent à l'action des masses ou des pioches en fer préparées par le maréchal, et purent, en s'effaçant, grâce aux efforts de tous, livrer un facile chemin aux familles nombreuses des tribus multipliées. Tant il est vrai que, pour un peuple en quête d'un bien-être qui lui fait défaut, il n'y a pas d'obstacles insurmontables, pas de distances infranchissables. Les obstacles, il les brise ou il les tourne ; les distances, il y use des générations, mais il les franchit [2].

---

[1] De Guignes, *Histoire générale des Huns*, t. I, IIe partie. p. 368, in-4° (1756).

[2] La transmigration des Tourgouths ou Torgotes des bords de la mer Caspienne dans l'empire chinois est un témoignage moderne (1771) de ce que sait réaliser sous ce rapport la volonté d'un peuple.

Mécontents de la manière dont les traitait le gouvernement russe qui les avait appelés chez lui et établis entre le Volga et le Jaïk, ils ont abandonné une position acquise par des siècles de possession « *pour venir*, disent-ils, « *admirer de plus près la brillante clarté du ciel, et jouir enfin, comme tant* « *d'autres, du bonheur d'avoir désormais pour maître, le plus grand prince* « *de l'univers* » (l'empereur de Chine).

« Malgré les différents combats qu'ils ont eus à soutenir ou qu'ils ont « été obligés de livrer à ceux dont ils traversoient les terres, et aux dépens « desquels il leur falloit nécessairement vivre ; malgré les déprédations « qu'ils ont souffertes de la part des Tartares vagabonds qui les ont atta- « qués et pillés sur la route plus d'une fois ; malgré les fatigues immenses « qu'ils ont essuyées en traversant l'espace de plus de dix mille *lys* « (1000 lieues), dans un pays des plus difficiles à parcourir ; malgré la « faim, la soif, la misère et une disette presque générale des choses les plus « nécessaires à la vie, auxquelles ils ont été exposés pendant les huit mois « qu'a duré leur voyage, ils étoient encore au nombre de cinquante mille

C'est pourquoi, n'ayant pas, à mon avis, à me préoccuper des distances à parcourir et des obstacles à vaincre, j'avais cru devoir n'en pas parler.

Pouvais-je d'ailleurs sérieusement occuper notre Compagnie de pareilles questions ? Tous tant que nous sommes ici, ne savons-nous pas que les Aryas sont aujourd'hui les maîtres du monde ! De leurs bras séculaires, ils enceignent la terre entière ! Ils sont la plus grande somme des populations de l'Europe. Depuis plus de 400 ans ils sont en Amérique ; ils sont en Australie ; ils sont à Sumatra ; ils sont aux Philippines ; ils sont en Cochinchine ; ils sont plus que jamais dans l'Inde et les voilà enfin chez les tribus sous-équatoriales, au cœur de cette Afrique, que nos devanciers de deux mille ans avaient déclarée inhabitée et inhabitable.

Oh ! nous le savons bien ! cette prise de possession du monde est l'œuvre patiente et souvent tragique de bien des siècles de générations ! mais ce n'est pas une raison pour en ignorer ou en nier la conquête.

Mais maintenant parlons du Tibet.

VIII

Sur l'ethnique des Tibétains, l'opinion de M. Girard de Rialle n'est pas faite, ou plutôt il n'a pas d'opinion sur la question. Elle s'offre à lui tout à la fois négative et affirmative. Notre collègue dit en effet : « Je ne sais pas ce que sont les Tibétains, mais j'affirme qu'ils ne sont pas Mongols. »

C'est là ce que, dans le monde de la science, on appelle parler pour ne rien dire.

J'aurais compris que M. Girard de Rialle nous eût dit : « Je crois que les Tibétains ne sont pas Mongols, et voici les raisons qui, dans mon estime, s'opposent à ce qu'ils soient

---

« familles lorsqu'ils arrivèrent (à Ily) ; et ces cinquante mille familles, « pour me servir des termes du pays, comptoient, sans erreur sensible, « le nombre de trois cent mille bouches. » (Mémoires concernant les Chinois, t. I, p. 401 et suiv.)

Mongols »; et qu'il s'en fût tenu là. C'était sans doute rester en chemin, mais au moins ce n'était pas se contredire.

Je me demande en effet comment notre savant collègue peut affirmer que les Tibétains ne sont pas Mongols, quand il se croit autorisé à ajouter qu'il ne sait pas ce qu'ils sont.

Nous connaissons à Paris une nombreuse colonie de braves gens qui ne sont ni hommes ni femmes[1]; mais il faut aller au Tibet de M. Girard de Rialle pour voir des hommes qui sont ce qu'ils ne sont pas.

En attendant que notre collègue veuille bien nous tirer d'embarras sur l'exacte valeur de ses déclarations; qu'il veuille bien surtout nous expliquer comment il se fait qu'il sait ce qu'il ne sait pas, j'affirme de nouveau — en réservant toujours quelques tribus primitives aborigènes — que les Tibétains sont Mongols ; et, bien que M. Girard de Rialle, même par sa théorie sur les langues asiatiques — théorie qui n'est pas, comme nous le verrons tout à l'heure, applicable au tibétain — n'ait pas effacé les raisons que j'ai précédemment indiquées comme décisives de l'ethnique du Tibet, j'apporte aujourd'hui, à l'appui de mon affirmation, un contingent nouveau d'indications précises, puisées à bonne source.

C'est d'abord l'enseignement de l'historien chinois Ma-touan-lin ; Ma-touan-lin, le savant consciencieux dont Abel Rémusat a dit : « Sous certains rapports, on peut comparer sa géographie historique pour l'Asie orientale à ce qu'est la géographie de Strabon pour les parties occidentales de l'ancien continent[2]. »

Voici, tel que le résume Abel Rémusat, l'enseignement précis que nous fournit Ma-touan-lin sur l'ethnique des Tibétains.

---

[1] « Ni hommes ni femmes, tous Auvergnats ! »

[2] Abel Rémusat, *Nouveaux Mélanges asiatiques*, t. I, p. 186.

La note est un peu étendue, mais elle n'a toute sa signification que dans son ensemble.

«Le livre trois cent trente-quatrième de *la Recherche appro-fondie* renferme l'histoire des Thsoung-thseu, peuples de race tibétaine, établis au midi du Grand Désert, à l'orient des montagnes Bleues ; celle des Thou-kou-hoen, peuples de Tartares orientaux, sortis au troisième siècle de la province actuelle de Liao-thoung, qui vinrent habiter les environs du lac Bleu, du côté du Tibet ; celle des Yi-fe-ti, peuplade ich-tyophage des mêmes contrées ; celle des Thang-tchhang, des Theng-tchi et des Tang-hiang, trois peuples de même origine, qui ont joué un rôle brillant dans le Tibet, et dont le dernier a fondé une principauté connue des Européens sous le nom de *Tangout,* qui est un nom formé par les Tartares de celui des *Tang-hiang* avec le signe du pluriel particulier à la langue des Mongols [1] ; une notice sur les Pe-lan, autre tribu tibétaine de la race des Tang-hiang ou Tangu-tains ; enfin l'histoire de ces peuples qui ont réuni sous leur domination, aux septième et huitième siècles, toutes les tribus des montagnes tibétaines, ainsi qu'une partie de la Tartarie et de l'Inde, et dont le nom, altéré par les étrangers, est resté sous la forne que les Mongols lui ont donnée : *Tobout* ou *Tebet,* appliqué à l'ensemble des nations tibé-taines [2]. »

Si maintenant, comme complément à la note que je viens de produire, note qui énonce nominalement les diverses tribus dont s'est formé le corps de la nation tibétaine à une époque déjà fort ancienne, je précise la position géographique de la province chinoise d'où sont sorties les diverses tribus dénommées par Ma-touan-lin, je crois que ; selon ce que sera cette position, les doutes, s'il en existe encore, sur l'origine des Tibétains devront complètement s'effacer.

---

[1] C'est ainsi que le mot *Firank* (Franc)| fait au pluriel *Firankout.* (M. A. Rémusat, *Recherches sur les langues tartares,* t. I, p. 170-180.)

[2] Abel Rémusat, *Nouveaux Mélanges asiatiques,* t. I, p. 189.

C'est qu'en effet, si jamais contrée fut terre mongole, c'est assurément cette province de Liao-toung.

Cette province de Liao-toung, [province boréale de la Chine, s'étend du 40° au 42° degré de latitude et du 114° au 123° degré de longitude [1].

L'historien arabe Maçoudi fait, il est vrai, venir de l'Arabie (de l'Yémen) les anciens habitants du Tibet. Pour lui, musulman, ils sont fils d'Amour, petit-fils de Japhet, fils de Noé. « Les anciens habitants du Tibet, dit-il, sont Hémyarytes; leur patrie primitive était l'Arabie » ; mais il ajoute aussitôt que les Hémyarytes ont été absorbés par les Turcs [2]. Ce qui doit s'entendre des Mongols, parce que, pour les écrivains arabes et persans, *Turcs* et *Mongols* sont même peuple, ainsi que nous aurons tout à l'heure occasion de l'apprendre.

Al Byrouny, autre historien arabe, confirme en termes brefs, mais absolus, la présence des Turcs (des Mongols) au Tibet : « L'Indus, dit-il, prend sa source aux montagnes de Onannak, sur les confins du pays des Turcs (Mongols) [3]. »

Cette dernière indication, bien précise et bien facile à vérifier, affirme positivement que les Turcs (Mongols) sont au Tibet.

Et, à moins que M. Girard de Rialle ne puisse nous prouver que Ma-touan-lin, Maçoudi et Al Byrouny se sont malicieusement ligués pour lui jouer un mauvais tour, nous devons tenir les peuples du Tibet pour gens d'essence mongole.

Cependant, avant de sortir de cette question du Tibet,

---

[1] Edouard Biot, *Dictionnaire des villes et arrondissements de l'empire chinois*, p. 102, B.

[2] Langlès et Reinaud, *Relation des voyages faits par les Arabes et les Persans dans l'Inde et à la Chine*, t. I, *Discours préliminaire*, p. cxlv et suiv.

[3] Reinaud, *Fragments arabes et persans relatifs à l'Inde*. Al Byrouny, p. 117.

nous ferons quelques observations sur la langue tibétaine ; cela, pour répondre, comme je l'ai promis, aux objections que M. Girard de Rialle a présentées sous la même rubrique.

Il va de soi que Maçoudi, qui, pour satisfaire ses scrupules de mahométan, a fait venir de l'Arabie les Hémyarytes au Tibet, donne l'idiome hémyaryte pour première langue aux Tibétains ; mais, cette obligation de conscience une fois remplie, il a soin de faire savoir que la langue hémyaryte a été altérée complètement par l'immigration des tribus turques (mongoles)[1], et c'est là un aveu bon à retenir.

Au surplus, voici, pour trancher cette question de la valeur ethnologique de la langue tibétaine, l'appréciation d'un maître dont personne ici ne contestera la souveraine compétence.

M. Ph.-Ed. Foucaux est professeur de langue tibétaine à l'Ecole des langues orientales. Il a écrit et publié une grammaire pour l'étude de la langue tibétaine, et il en a fait précéder l'exposition d'une introduction où il affirme, avec toutes les précautions en usage chez les savants, l'affinité de la langue tibétaine avec la langue chinoise, affinité qui indique, sinon une complète communauté d'origine, au moins une origine collatérale et voisine.

« Ce n'est donc pas, dit M. Foucaux [2], après avoir passé en revue les dialectes du Tibet, ce n'est pas dans les dialectes de la famille sanscrite qu'il faut aller chercher les affinités du tibétain, mais dans le chinois, le birman et l'annamite, affinités qui s'expliquent d'ailleurs naturellement par le cours des fleuves qui descendent des montagnes du Tibet, pour arroser les contrées habitées par les peuples que je viens de nommer. »

M. Foucaux constate encore que la langue tibétaine est monosyllabique comme la langue chinoise [3] ; que beaucoup

---

[1] Langlès et Reinaud, ouvrage déjà cité, t. I, p. cxlv.

[2] Ph.-Ed. Foucaux, *Grammaire de la langue tibétaine*. Introduction, p. 19.

[3] Ph.-Ed. Foucaux, *Grammaire de la langue tibétaine*. Introduction, p. 15.

de mots sont communs aux deux langues, et que leurs syntaxes sont assez souvent d'accord [1].

Enfin, et je terminerai par là mes observations sur l'essence mongole des populations du Tibet, voici, pour la constater une fois de plus, un certificat d'imprégnation mongole, écrit de main de maître : « Si quelqu'un des Tibétains ou des Ouralo-Altaïens a pénétré chez l'autre, ce sont à coup sûr ces derniers qui ont implanté de nombreuses tribus mongoliques dans les vallées occidentales de l'Himalaya [2]. »

J'emprunte ce certificat au *Mémoire sur l'Asie centrale*, de M. Girard de Rialle, 2ᵉ édition.

IX

Je crois avoir épuisé toutes les questions secondaires qu'a fait surgir la critique de notre savant collègue. Je vais maintenant examiner la question des Mongols dans ses rapports avec les *Dardis*, les *Gètes* et les *Massagètes*.

Ici, la discussion doit s'élever et s'élargir. Elle sera d'ailleurs moins personnelle, quoique j'aie encore à combattre quelques allégations de M. Girard de Rialle à propos des *Dardis*.

Mais, au moment où je vais ainsi m'occuper dès dernières objections de notre collègue, j'ai le droit de faire observer que toute la critique qu'il a dirigée contre ma communication du 6 avril dernier est faite de négations toutes nues, d'affirmations toutes sèches. Cette façon de traiter les questions scientifiques a, j'en conviens, de fières allures et des airs de grand seigneur qui vont très bien à notre collègue, mais ce n'est pas là de la discussion, et, pour ma part, je regrette les raisons bonnes ou mauvaises qu'aurait pu nous valoir, de la part de M. Girard de Rialle, la défense méthodi-

---

[1] Même ouvrage, Introduction, p. 16 et 18.
[2] Girard de Rialle, *Mémoire sur l'Asie centrale*, p. 37.

que des opinions qu'il s'est contenté de formuler par néga-
tion ou par affirmation.

Il pouvait nous instruire et il a négligé de le faire, sans
compter qu'il m'oblige à discourir sur des points d'histoire
assez obscurs et à faire des démonstrations répétées qu'il eût
été peut-être possible d'écarter, au moins en partie, par
quelques précautions d'études préalables de sa part.

Par exemple et surtout pour les Mongols, dont il nous reste
à parler.

Ici, je vais avoir tout à faire. Au fond, je ne le regrette pas.
J'aime l'étude et la discussion, mais je ne voudrais pas passer
pour un monsieur qui se plaît à « l'étalage », quand, en réalité, je prends à ma charge la plus lourde et la plus ingrate
part de la discussion.

Venons aux Mongols.

X

La question à résoudre ici, question fort complexe, est
celle-ci : étant admis — et il est admis — que les *Dardis* ou
Dardes ne sont pas originaires de la contrée qu'ils occupent, d'où viennent-ils? Sont-ils congénères des *Gètes* et
des *Massagètes*? Les *Dardis*, les *Gètes* et les *Massagètes*
ayant une origine commune, cette origine commune est-elle
mongole?

Quand une première fois j'eus occasion de me préoccuper
de la solution à donner à ce problème, m'étayant de souvenirs classiques, je formulai cette réponse : *Dardis*, *Gètes* et
Massagètes ont été mêlés dans l'antiquité, et puisqu'ils ont
alors vécu d'une vie commune, ils sont d'une origine commune et cette origine est mongole, puisque *Gètes* et *Massagètes* sont Mongols.

Aujourd'hui, tout en maintenant cette solution telle que je
l'ai formulée, je vais fournir de nouveaux témoignages de son
exactitude, témoignages non plus recueillis dans les souvenirs de l'antiquité classique, mais dans ce qui nous est ad-

venu de connaissances de l'antiquité asiatique. Je veux dire dans ce qui s'y trouve de témoignages acceptables.

Ce sera une contre-épreuve de l'examen que j'ai déjà présenté. La nouvelle source d'informations que je vais ouvrir rajeunira le débat et le montrera sous un aspect tout à fait neuf et original.

XI

Mais avant d'entreprendre cette discussion sur les *Dardis* dans ces conditions toutes spéciales, il convient de bien s'entendre sur la valeur et la portée des mots dont nous allons user ; et, par exemple, M. Girard de Rialle ayant déclaré qu'il ne veut reconnaître pour véritables Mongols que *les Mongols de la race pure et jaune de Tchinghiz-khan*, il nous faudra d'abord savoir ce que l'on doit entendre par Mongols. A cet effet, nous interrogerons les historiens les plus autorisés ; nous saurons ce qu'est la race d'où est sorti Tchinghiz-khan ; nous dirons l'étymologie du mot *Mongol*, nous apprendrons ainsi quelle portée il a dans l'histoire et ce qu'il vaut pour la discussion actuelle.

Par avance je m'engage à prendre le mot Mongol dans le sens le plus favorable aux prétentions scientifiques de notre collègue.

Cette base une fois acquise sans conteste possible, je déterminerai historiquement l'origine des *Dardis*, origine essentiellement mongole. Ce résultat obtenu, nous reviendrons aux *Gètes* et aux *Massagètes ;* ici la besogne sera facile et pourra se mener rondement.

Faisons d'abord la périlleuse besogne, l'autre nous reposera.

L'*Histoire des Huns* de de Guignes me viendra en aide, mais c'est surtout de l'ouvrage de Raschid-eldin, traduit par Quatremère ; des « Mémoires de Hiouen-thsang » traduits par Stanislas Julien ; du *Thian-tchu* ou *l'Inde* traduit par Pauthier ; de la *Radjatarangini* de Kalhana, traduite par

Troyer, que je tirerai mes principales informations. J'utiliserai d'autres sources encore et j'aurai soin de les indiquer avec précision.

XII

L'historien persan Fadl-Allah-Raschid ou plus simplement Raschid-eldin ; fils d'Imad-Eldevlack-Abou'lkaïr et petit-fils de Mouwaffack-Eldevlack-Ali, est né à Hamadan, l'ancienne Ecbatane, et mort à l'âge de quatre-vingts ans l'an 718 de l'hégire ou 1318 de notre ère, ce qui ferait remonter sa naissance vers l'an 638 de l'hégire ou 1240 de notre ère ; mais nous savons par Raschid-eldin lui-même qu'en l'année 705 de l'hégire il avait environ soixante ans, ce qui reporte la date de sa naissance à l'année 645 de l'hégire ou 1247 de notre ère[1].

L'avènement de Tchinghiz-khan à la suprême puissance sur toutes les nations mongoles a eu lieu au printemps de l'année mongole du Léopard, qui correspond à l'année 602 de l'hégire ou 1205 de notre ère. Raschid-eldin, à peu près contemporain de Tchinghiz-khan, a vécu à la cour de Gazan-khan, petit-fils et l'un des successeurs de Tchinghiz-khan. C'est sur l'invitation de Gazan-khan que Raschid-eldin a écrit l'*Histoire des Mongols* d'où j'extrais les renseignements que je vais faire connaître.

L'œuvre de Raschid-eldin a, dans tout l'Orient, une réputation bien méritée de scrupuleuse exactitude[2].

Nous allons savoir par lui ce que, historiquement, on doit entendre par Mongols. Voici en quels termes il s'en exprime dans la préface générale de son ouvrage :

« Le premier tome qui, d'après les ordres du roi de l'islamisme Oldjaïtou-sultan, a conservé le nom de son frère, le sultan heureux, Gazan-khan, se compose de deux divisions :

---

[1] *Histoire des Mongols de la Perse*, par Raschid-eldin, traduction de Quatremère. Ire partie, Vie de Raschid-eldin. Collection orientale.

[2] Même ouvrage, Vie de Raschid-eldin, p. cii.

« La première expose avec étendue l'histoire de l'origine des nations turques, des détails sur les différentes branches et tribus, l'histoire des pères et des ancêtres de chacune. Elle comprend une préface et quatre sections.

« La préface indique la limite des lieux occupés par les Turcs, les noms et les surnoms de chaque tribu, autant qu'on le peut savoir.

« La première section retrace les faits qui concernent les peuples descendus d'Ogouz, le petit-fils d'Abou-Betcheh-khan, autrement nommé Japhet, fils du prophète Noé, ainsi que l'histoire des peuples issus de ses oncles, sa généalogie et son origine.

« La seconde section donne l'histoire des nations turques, comprises sous la dénomination de Mongols, mais qui, dans l'origine, avaient chacune un nom et un surnom particuliers, un chef et un émir.

« La troisième comprend l'histoire des nations turques, dont chacune avait un roi et un chef à part, mais qui ne se rattachent par aucun lien aux peuples indiqués dans les chapitres précédents.

« La quatrième section donne l'histoire des nations turques qui, de temps immémorial, portent le nom de Mongols. Cette section se subdivise en deux parties : la première traite des Mongols-Derlekin ; la seconde des Mongols-Niroun.

« La seconde division, qui expose l'histoire des souverains mongols et turcs, se partage en deux sections.

« La première renferme l'histoire des pères et des ancêtres de Tchinghiz-khan. Elle comprend dix histoires : l'histoire de Douïoun-baïan ; celle d'Alankoua et de ses trois fils ; celle de Bouzendjir, fils d'Alankoua ; celle de Doutoumenen, fils de Bouzendjir ; celle de Kaïdou-khan, fils de Boutoumen en ; celle de Sangour, fils de Kaïdou-khan ; celle de Toumeneh-khan, fils de Sangour ; celle de Kabl-khan, fils de Sangour ; celle de Bertan-behadur, fils de Kabl-khan ; celle de Iisouka-behadur, fils de Bertan-behadur.

« La seconde section raconte l'histoire de Tchinghiz-khan

et de ses parents illustres, dont quelques-uns ont porté le titre de kaân, d'autres n'ont pas eu d'empire particulier ; avec un abrégé de l'histoire des différents princes contemporains jusqu'à ce jour. »

Plus loin, au cours de cette intéressante préface, Raschid-eldin dit encore : « Turcs et Mongols se ressemblent d'une manière frappante et furent, dans l'origine, désignés par le même nom[1]. »

Les Annales des Huns confirment cette communauté d'origine dans les termes suivants :

« Alingé-khan eut deux fils jumeaux, l'un appelé Tatar et le second *Mogul* ou *Mung'l*, entre lesquels il partagea ses Etats. C'est du premier de ces princes que la tribu des Tartares prétend être descendue, de même que celle des Mogols rapporte son origine au second[2]. »

Il est donc acquis par les termes exprès de l'exposé emprunté à Raschid-eldin et par la généalogie que fournissent les annales des Huns que, dans la pensée des Orientaux les mieux instruits de la situation ; dans la pensée de ceux à qui leur position officielle et particulièrement favorable a permis de persévérantes et de profondes recherches, que Turcs et Mongols ont même origine, ou tout au moins, qu'ils ont été, dès les temps les plus reculés, confondus dans l'esprit des peuples de l'Asie centrale, et admis dans les temps modernes, sous la dénomination générale de Mongols.

Cette apparente confusion n'est pas particulière à notre écrivain persan et aux annales des Huns. Silvestre de Sacy, commentant un traité conclu entre les ambassadeurs génois et Khan Mogol du Kiptchak, fait observer à propos de cette expression : *Brachii recti imperii Gazariæ*, que les Mogols et les Tartares étaient dans l'usage de diviser leur empire, comme leurs camps et leurs armées : en aile droite et en

---

[1] Raschid-eldin, *Histoire des Mongols.* Collection orientale. Traduction de Quatremère, t. I, Préface, p. 53 et suiv.

[2] De Guignes, *Histoire générale des Huns*, t. II, liv. I, p. 7.

aile gauche [1], et c'est ainsi en effet que le vaste domaine de Tchinghiz-khan se présente à nous dans l'histoire. Le centre administratif est Kara-koroum (fondation de Tchinghiz-khan), la droite est le pays des Tou-kioue (Turcs, Tartares occidentaux), la gauche, le pays des Tartares-Mandchoux, et cet ensemble était officiellement dénommé : Mongols de la droite, Mongols de la gauche, Mongols du milieu.

Langlès, dans les considérations dont il accompagne l'alphabet mandchou [2]; Klaproth, dans la préface à sa Chrestomathie mandchoue [3]; Abel Rémusat, dans sa notice sur le dictionnaire intitulé : *Miroir des langues mandchoue et mongole* [4], consacrent à plusieurs reprises cette même confusion qui fait mongoles toutes les nations tartares, sans que, chez aucun de ces écrivains, nous puissions recueillir un motif explicite à l'élasticité de ce terme : Mongol.

Cette élasticité dont, à ma connaissance, aucun ethnographe n'a encore recherché la cause, parce que fort probablement aucun ethnographe n'avait encore eu besoin de s'en rendre compte, réside, nous allons nous en convaincre, dans l'étymologie même du mot Mongol, étymologie parlante par elle-même et par sa provenance.

XIII

A propos du mot: « Mongol », qu'elles écrivent constamment « Mogol », les Annales des Huns s'expriment ainsi : « Mogol-khan et sa postérité formèrent un puissant empire

[1] *Notices et extraits des manuscrits de la Bibliothèque du Roi*, t. XI. *Pièces diplomatiques tirées des Archives de la République de Gênes*, par Silvestre de Sacy, p. 62, note 1.

[2] L. Langlès, *Alphabet Mandchou*, rédigé d'après *le Syllabaire et le Dictionnaire universel de cette langue*, 3e édit. Imprimerie impériale, 1807.

[3] J. Klaproth, *Chrestomathie Mandchoue ou Recueil de textes Mandchoux*. Paris, Imprimerie royale, 1828.

[4] *Notices et extraits des manuscrits de la Bibliothèque du Roi*, t. XIII. Notice sur le Dictionnaire intitulé : *Miroir des langues mandchoue et mongole*, par Abel Rémusat, p. 1 et suiv.

qui subsista en même temps que celui des Tartares. Le nom
de *Mogull* est une corruption de celui de *Mung'l*, qui signifie
« triste », parce que ce prince était naturellement triste[1]. »

Cette étymologie, faite à la main et toute de convention,
est certainement fautive.

Dans les Annales des Huns, elle arrive immédiatement
après une note généalogique qui fait descendre Alingé-khan,
père de Tatar et de Mogul, de Noé, par Japhet, à la troisième
génération[2], et il suffit de faire remarquer que la Bible, qui
parle de Noé et de sa descendance, n'est arrivée aux Tartares
que par la conquête des Arabes musulmans au neuvième
siècle ; que les Tartares, Huns ou Mongols, existaient bien
longtemps avant la conquête qu'en ont faite les Arabes musulmans et que, par conséquent, généalogie et étymologie,
telles qu'elles sont ici présentées aujourd'hui, sont absolument
œuvre de convention et sans valeur historique. Elles ont
d'ailleurs la mauvaise fortune d'être une importation venue
d'Occident, tandis que les Mongols viennent surtout de
l'Orient.

Pour les Chinois, au contraire, les Mongols sont de vieilles
connaissances. Pendant des siècles nombreux, les peuples,
qui depuis ont été nommés Mongols, ont inquiété leurs frontières septentrionales et occidentales ; pendant des siècles
ils ont dû les combattre, et ils ont été un jour conquis par eux.

Les Chinois ont écrit une histoire des Mongols et dans cet
ouvrage, qui est une œuvre sévère, mais de ressentiment national, les Chinois écrivent le nom des Mongols en deux mono-
nosyllabes qu'ils orthographient ainsi : *Moung-Kou*[3].

C'est de ces deux mots que les Occidentaux ont fait le mot :
Mongol.

---

[1] De Guignes, *Histoire générale des Huns*, t. II, p. 8.

[2] Même ouvrage, t. II, p. 7.

[3] Examen méthodique des faits relatifs au *Thian-tchu* ou l'Inde. Pauthier, Imprimerie royale, 1840, p. 18-19, note 3, *Moung-Kou* (ou Mongols),
aux *Haches Rouges*.

Dans le *Pian-i-tian* (pays situé au-delà de la frontière de la Chine),
liv. LVIII, on trouve une ville nommée *Tchi-Kou*, vallée *Rouge*.

Les deux monosyllabes chinois *Moung-Kou* signifient, dans l'ordre même où nous les prononçons : « Hache rouge ».

Dans ces conditions, la dénomination de « Mongol », tant prodiguée, n'a donc réellement en soi aucune valeur ou portée ethnique, aucune de ces significations indicatives de la race ou de l'habitat, comme, par exemple, la dénomination de *Normand*, spécificatif d'homme du Nord, et le mot *Highlander*, qui correspond à notre mot *Montagnard*, mais qui, à cause du langage dont il relève, est spécificatif de l'habitat de l'Ecossais et indicatif de sa race.

Quant au mot *Mongol*, il est absolument vrai qu'en raison de son étymologie et de sa provenance chinoise, sa valeur première et intentionnelle doit être purement indicative du mode particulier d'armement des tribus agressives, à qui il fut, dès l'abord, appliqué par les Chinois[1].

Des hommes armés de haches au manche rouge s'étant un jour rués sur eux, ils les ont désignés par les mots « *Moung-Kou*, Mongols, Haches rouges », comme nous nommons *lanciers*, *carabiniers*, *fusiliers*, *canonniers*, les hommes armés de la lance, de la carabine, du fusil ou desservant des canons, et, de la même manière que les appellations *lancier*, *carabinier*, *fusilier*, *canonnier*, peuvent avec justesse s'appliquer aux *lanciers*, aux *carabiniers*, aux *fusiliers*, aux *canonniers* de toutes les armées où existent des armes constitutives des appellations indiquées, la qualification spéciale de *Mongol* a pu s'étendre à tous les confédérés qui, plus tard, se joignirent à la tribu que les Chinois avaient primitivement ainsi désignée.

L'élasticité de ce nom s'explique si bien par son étymologie chinoise, par les éléments d'histoire nationale qu'il renferme, par le facile chemin qu'il a fait au treizième siècle dans le monde asiatique, qu'aucune autre étymologie ne semble possible et acceptable, car aucune autre ne lui don-

---

1 Wôh-tchin-t'a-wàng, quatrième fils de Taï-tsou (Dchinghis-khâan), se nommait *Wôh-tch'i-Kin* (Wôh à la Hache Rouge). Relation du voyage de K'hiéou, Paulhier, p. 5, note 4.

nerait ce cosmopolisme asiatique et impersonnel dont l'histoire l'a revêtu.

XIV

J'aurais donc beau jeu si, à la faveur de ces constatations historiques et étymologiques, je me prévalais de l'accueil fait à l'appellation de *Mongol*, par toutes les nations tartares, pour soutenir, avec plus de duplicité que d'adresse, que les *Dardis* sont *Mongols*; puisque, à ce compte, bon gré, mal gré, ils seraient *Mongols* quand même, soit qu'ils vinssent originairement du nord, de l'est ou de l'ouest. Mais, je le répète, je n'entends pas user de pareils moyens de discussion, et si je les ai fait connaître, c'est précisément pour les repousser et circonscrire le champ clos.

Il est cependant bien certain que je ne peux pas, non plus, accepter comme *étalon mongol*, ainsi que le demande M. Girard de Rialle, la race pure et jaune de Tchinghiz-khan.

Ce n'est point sans bonne raison que je me refuse à suivre mon savant contradicteur sur le terrain qu'il a choisi. Il y a en effet à mon refus une raison dirimante et sans réplique. Mon refus se base précisément sur cette circonstance qui semble être, dans l'esprit de M. Girard de Rialle, comme un témoin irrécusable de la valeur de ses prétentions historiques. Notre collègue veut des Mongols à la mine orangée; eh bien, dût M. Girard de Rialle m'accuser d'être impitoyable et de lui faire perdre ses plus chères illusions, ma raison, la voici : c'est que la lignée jaune de Tchinghiz-khan est bâtarde : On connaît sa *grand'maman*, on ne connaît pas son *grand papa*.

XV

Voici l'histoire — j'allais dire : amoureuse, mais c'est merveilleuse qu'il faut dire pour être dans le ton — voici donc l'histoire merveilleuse d'Alankoua, la grand'mère de Tchinghiz-khan : « Les Mogols, qui regardent Genghis-khan comme leur plus grand prince, lui donnent une origine miraculeuse, Ils prétendent qu'un de leurs anciens khans, nommé Julduz, eut deux enfants qui moururent avant lui. L'un laissa un fils appelé Dejun-baïan et l'autre une fille nommée Alancava. On les maria ensemble. Dejun-baïan qui survécut peu à son grand-père Julduz, laissa Alancava veuve avec deux enfants, le premier, nommé Belgadei, âgé de sept ans ; le second, appelé Begdsadei, âgé de six ans. Alancava, occupée du soin de les élever, ne voulut pas se remarier. Mais on rapporte que quelque temps après, en s'éveillant un jour, elle vit dans sa chambre une grande lumière qui se changea en la figure d'un homme de couleur orangée et qui avoit les yeux d'une beauté parfaite ; qu'elle en fut si épouvantée, qu'elle voulut appeler du monde, mais que ses forces lui manquèrent et que cet esprit coucha avec elle. Alancava n'avoit d'abord osé publier cette aventure, dans la crainte |qu'on ne crût qu'elle en imposoit, mais l'esprit étant venu plusieurs fois, elle se trouva enceinte, et l'on s'aperçut de sa grossesse. Cet événement fit beaucoup de bruit dans la horde ; pour se justifier, elle dit qu'elle consentoit à être traitée en coupable si elle n'accouchoit pas de trois enfants mâles. En effet, elle mit au monde trois enfants qui furent nommés : Bocum-catagun, Boskin-saldgi et Bouzendgir ; on les appela tous les trois : les *Nouranioun*, c'est-à-dire les *Illuminés*, parce qu'on les regarda comme fils du Soleil. C'est du dernier que descend Genghis-khan [1]. »

Oh ! premier ou dernier, le numéro ne fait ici rien à la chose, et quoi qu'ait dit ou fait dire Tchinghiz-khan du coup de soleil indiscret, qui pénétra itérativement sa grand'mère, il est certain qu'il sort d'une lignée entachée de bâtardise, et M. Girard de Rialle m'accordera galamment, je pense, que je suis en droit de récuser son prétendu étalon pur sang.

Cette autre mésaventure ethnographique de notre savant

---

[1] De Guignes, *Histoire générale des Huns*, t. III, liv. xv, p. 9.

collègue, quoiqu'elle nous prive d'un étalon de son choix ;
quoiqu'elle me laisse maître absolu du champ clos, ne m'en
fera pas reculer les barrières, ne me fera pas dévier du programme d'honnête et complète discussion que je me suis
imposé.

Une nation mongole existait avant Tchinghiz-khan, une
contrée voisine de la branche occidentale de la grande muraille de la Chine lui est généralement attribuée comme
terre d'origine et c'est de cette contrée, voisine de la branche
occidentale de la grande muraille de la Chine, que j'entends
faire venir les *Mongols* que je donne pour ancêtres aux
Dardis.

XVI

En Asie, dans les vallées supérieures de l'Indus, au-delà et
au nord de cette vaste enceinte de hautes montagnes qui
encadrent la délicieuse vallée de Kachmir, et dans un espace
compris, à peu près, entre le 35ᵉ et le 37ᵉ degré de latitude
et les 68ᵉ et 72ᵉ degrés de longitude, vit, dès longtemps jetée
là par les hasards de la guerre ou les caprices de la migration, une population sans histoire et désormais sans avenir.

Les travaux de M. le docteur Leitner et de M. Drew nous ont
appris que cette population se divise en castes de diverses
appellations, mais dont les *Shins* et les *Bouroutes* forment la
plus grande partie[1].

Les *Shins* figurent dans l'ensemble de cette population
dans la proportion de 46 pour 100, les *Bouroutes* dans la
proportion de 37 pour 100 ; la différence, c'est-à-dire 17 pour
100, est fournie par six ou sept castes qui, chacune, ne repré-
sentent en moyenne que 2 pour 100 environ de la population
totale.

L'ensemble de cette population relève de seize ou dix-sept
centres d'agglomération dont les plus considérables sont :

[1] *Tribes of the Hindoo Koosh*, par le major Biddulph. Calcutta, 1880,
chap. III, p. 34.

Chilas, sur l'Indus ; Gilgit, sur la rivière Gilgity, affluent de la droite de l'Indus, et Astor, sur un affluent de la gauche de l'Indus et dont la vallée porte à la passe de Darikhun qui s'ouvre sur le Kachmir.

La contrée que tiennent ces populations a, dès longtemps et par tradition, reçu la dénomination géographique et purement conventionnelle de Dardistan. Les habitants, selon le caprice des langues de l'Europe, y sont dénommés *Dardis*, *Dardes* ou *Dards*, mais leurs voisins immédiats, les Kachmiri, ainsi que nous l'avons vu, les traitent volontiers de *Dardous*, dénomination injurieuse qui, d'accord avec une légende accréditée, représente les habitants du Dardistan comme la descendance d'un ours[1].

Chaque caste parle un dialecte qui lui est propre, mais tous ces dialectes sont ramenés par la grammaire à la langue *Shina*, qui est l'idiome le plus répandu[2].

XVII

Il y a, dans ces indications à peine accentuées, bien plus, qu'elles ne le disent d'abord, de valeur historique et topographique.

Aussi bien que les légendes, les traditions relèvent généralement de circonstances vraies dans leur essence, mais que le temps a obscurcies et que l'imagination a travesties.

Ici, comme par faveur spéciale, la tradition s'éclaire de l'éclat de l'étiquette qu'elle porte, et de la signification, que les faits qu'elle contient donnent directement à cette étiquette.

Le mot *Dard* reflète bien en effet le mot *Darada* des textes sanscrits, et l'intention injurieuse que, dans l'esprit de leurs voisins, ce mot renferme à l'adresse des *Dardes*, s'explique et s'accentue par ce fait bien connu que la Mongolie, dont rele-

---

[1] Major Biddulph, *Tribes of the Hindoo Koosh*, chap. xiv, p. 157.
[2] Même ouvrage, chap. xiv, p. 156.

vait le pays des *Duradas*, était, aux temps anciens, comme aujourd'hui, le pays des ours[1].

La Mongolie et son voisinage septentrional sont toujours en effet le pays des fourrures et les livres chinois les plus anciens signalent cette contrée comme la terre nourricière de diverses espèces animales qu'ils confondent avec les ours.

Les recueils de l'histoire naturelle médicale des Chinois parlent d'une variété d'ours à trompe et un très ancien dictionnaire chinois, intitulé *Eul-ya*, nous fait savoir que ce quadrupède porte en Chine le nom de *Mé*, les commentaires de ce dictionnaire, également fort anciens, disent que le *Mé* est semblable à un ours; qu'il a la tête petite et les pieds bas; qu'il est tacheté de blanc et de noir; qu'il peut ronger le fer, le cuivre et le bois de bambou; que ses os sont durs, compacts; que ses articulations sont droites et fermes; qu'il a peu de moelle et que sa peau préserve très bien de l'humidité.

Suivant le *Choue-wen*, autre dictionnaire fort ancien et très estimé, le *Mé* est semblable à un ours, mais de couleur jaunâtre. On le tire du pays de *Chou*[2].

[1] La même défaveur originelle est déversée sur les Kalmuks, qui eux aussi sont d'essence mongole. Une note, *ad finem*, jointe au paragraphe VII, parle, de la transmigration des Tourgouths du Volga jusqu'en Chine pour se soustraire aux mauvais traitements que leur infligeaient les Russes. Un des plus vifs griefs que les Kalmuks relevèrent contre eux et dont se servirent les meneurs de la migration, est l'apostrophe suivante, que le grand Pristaw (commissaire) colonel Kichinskoï, lança avec colère à la face de Oubacha, khan des Kalmuks du Volga: « Tu te flattes, lui dit-il en faisant allusion à ses projets de fuite, d'une heureuse réussite; mais apprends que tu es un *ours* enchaîné, qui ne peut aller où il veut, et qui ne va qu'où on le mène.» (Voyage de Benjamin Bergmann chez les Kalmuks. Essai sur la fuite des *Kalmuks des bords du Volga*, p. 288.)

[2] Abel Rémusat, *Mélanges asiatiques*, t. I, p. 233 et suiv.

' La peau du Mé, dit le *Pen-thsao-Kong-mou*, ou traité général d'histoire naturelle, sert à faire des matelas pour se coucher et des couvertures; elle garantit de l'humidité, du mauvais air et des maléfices; la représentation même de cet animal produit cet effet; aussi, sous la dynastie des *Thang*, on avait coutume de peindre des figures de *Mé* pour se préserver du mauvais air.

Chou est l'ancien nom que portait, avant la quatrième dynastie, c'est-à-dire au cinquième siècle avant notre ère, la province actuelle de *Sse-tchouèn*.

La position géographique de cette province de *Sse-tchouèn* s'écrit : en latitude par 26 à 33 degrés et en longitude par 98 à 108 degrés [1]. Nous sommes bien là en Mongolie et, dans ces conditions, il me semble que la maligne tradition qui fait descendre les *Dardes* d'un ours indique tout simplement le pays d'origine des *Dardes* [2].

Ptolémée place en effet des *Daradræ* dans la Scythie au-delà de l'Emaüs [3], et la position géographique qu'il leur assigne, position qui s'inscrit par 37 degrés de latitude et 105 degrés de longitude, avoisine sensiblement la position de la province de *Sse-tchouén*.

VIII

D'autres clartés sortent encore des indications sommaires que je viens de fournir ; j'ai dit en effet que les *Shins* et les *Bouroutes* forment ensemble les quatre cinquièmes de la population du Dardistan.

Les *Shins* passent pour des émigrés mongols : « Les *Tchin*, dit de Guignes, étaient des Chinois qui avaient passé anciennement en Tartarie, où leur postérité s'était conservée [4], » et le major Biddulph affirme le même fait à propos des *Shins* du Dardistan : « Les *Shins*, dit-il, étant venus volontairement dans le pays, n'ont pu lui imposer leur langue propre [5]; » quant

---

[1] *Dictionnaire des villes et arrondissements de l'empire chinois*, par Edouard Biot, p. 191, AB.

[2] La carte VIII, *Scythia extra Imaum* de Ptolémée, édit. in-f°. Amsterdam, 1619, porte, comme indication iconologique du pays, des tentes, un chariot et des ours.

[3] Carte IX de l'édition in-f° d'Amsterdam, 1619.

[4] De Guignes, *Histoire générale des Huns*, t. liv. I, p. 74.

[5] Major Biddulph, *Tribes of the Hindoo Koosh*, chap. xiv, p. 161.
Had the *Shins* come into the country by many immigration, without

aux *Bouroutes*, je n'ai point à craindre de voir M. Girard de Rialle s'élever contre moi si je leur assigne une origine mongole, car il enseigne lui-même qu'ils sont d'origine mongole. Dans son mémoire sur l'Asie centrale, au paragraphe qui traite des langues ouralo-altaïques il dit, en parlant des idiomes mongols : « Quatrièmement, la branche *mongole*, au centre, et se divisant actuellement en trois dialectes : le *mongol* proprement dit, le *kalmouk* et le *bouriate*.[1] »

Laissant donc l'origine mongole des *Bouroutes* du Dardistan sous la protection immédiate de l'auteur du savant mémoire sur l'Asie centrale, je vais indiquer, avec autant de précision que le permettent les documents un peu vagues que j'ai sous la main, l'origine mongole des *Shins*.

Nous avons vu que le major Biddulph considère les *Shins* du Dardistan comme la descendance d'une migration volontaire de *Shins* dont il n'indique pas le point de départ ; mais de Guignes, qui revient à plusieurs reprises sur le compte des *Tchins*, dit expressément qu'ils étaient des Chinois qui avaient passé anciennement en Tartarie. Pauthier[2] confirme le fait de cette migration, qui semble, à son avis, coïncider avec la destruction du royaume de *Thsin*, fondé dans l'ouest de la Chine plus de mille ans avant notre ère. «Au commencement de l'année 642 avant notre ère, dit-il, *Mou-Koung*, prince de *Thsin*, dans le *Chèn-si*[3], perdit contre le prince de *Tsi*, dans le *Chan-si*[4], une grande bataille », et, à quelque temps de là, le royaume de *Thsin* s'efface et la dynastie des *Thsin* disparaît. C'est alors, trois cents ans environ avant notre ère, que dut se produire vers l'ouest cette migration des *Thsins* vaincus s'expatriant volontairement. Quelle que soit d'ailleurs la date ancienne où s'effectua cette migration de *Thsins* de l'est à

conquest they could hardly have imposed their language on, and assumed a position of superiority over a people who outnumbered them.

[1] Girard de Rialle, *Mémoire sur l'Asie centrale*, 2e édit., p. 80.

[2] Pauthier, *Tchian-tchu* ou l'Inde, p. 49-50, note 4, et *Histoire de la Chine*, t. I, p. 109.

[3] Chèn-si : occident frontière.

[4] Chan-si : occident montagneux.

l'ouest, il est certain qu'elle s'est produite, et il y a tout lieu de croire que les *Shins* du Dardistan en sont en tout ou en partie la descendance; leur origine à ce compte serait bien mongole.

La position géographique de la province de *Chèn-si*, pour l'époque lointaine où nous remontons, se définit en effet par 32 à 40 degrés de latitude et 96 à 109 degrés de longitude[1].

C'est toujours, ainsi que nous l'avons déjà fait remarquer, le pays ou fort approximativement le pays des *Dáradas* des textes sanscrits, la Mongolie des temps modernes.

XIX

Une autre circonstance bien digne de remarque et qu'il convient d'affirmer dès à présent, c'est l'existence, contrairement à ce que nous en a dit M. Girard de Rialle, d'un idiome particulier aux tribus du Dardistan.

Cet idiome n'est pas régulier, souple et abondant comme le sanscrit, le grec et le latin, mais tel qu'il est il suffit au besoin du peuple qui le parle et il a excité la curiosité d'observateurs intelligents.

En 1878, M. le docteur Leitner nous a apporté une grammaire et un vocabulaire de cet idiome[2] et en 1880 M. le major Biddulph a fait imprimer à Calcutta une autre grammaire et un vocabulaire de ce même idiome[3].

Le nom *Shina* que porte cet idiome est significatif et vient en renfort à la tradition qui fait descendre les *Dardes* de l'ours, c'est-à-dire qui les fait venir originairement du pays des ours, la Mongolie, du nord de la Chine.

---

[1] Edouard Biot, *Dictionnaire des villes et arrondissements de l'empire chinois*, p. 7.

[2] *Vocabulaire comparatif des langues parlées entre* Kaboul et Kachmir, par M. le docteur Leitner (de Lahore), annexe n° 1. (Congrès international des sciences ethnographiques, 1878). Paris, Imprimerie nationale (1881).

[3] Major Biddulph, *Tribes of the Hindoo Koosh*. Calcutta, 1880, chap. xiv, et appendice B.

XX

Tout cet ensemble de faits et de circonstances que je viens
de passer en revue constitue certainement une indication
d'origine bien parlante et qui pourrait généralement passer
pour suffisante, mais nous avons ici le devoir d'être exigeants
et nous dirons, si vous le voulez, au moins provisoirement,
que la tradition dont nous venons de parler et la légende
sur laquelle elle se greffe ne sont que jeux d'enfant ; quant
à moi, quoique je sois persuadé qu'elles affirment la vérité,
je consens à ne présenter cette solution que comme une hy-
pothèse et à rechercher avec vous des témoignages plus sub-
stantiels.

XXI

L'étude et l'intelligence acquise des langues anciennes et
modernes de l'Asie a, depuis trois quarts de siècle, nota-
blement étendu les horizons de l'histoire de ce pays des
légendes, et l'histoire particulière des populations si tour-
mentées de l'Asie centrale n'est pas, autant qu'on paraît
le croire, dépourvue aujourd'hui de témoignages fort acceptables.

Je crois pouvoir en effet, sur preuves historiques, montrer les ascendants lointains des *Dardes* quittant, bien malgré eux, les campagnes relativement voisines de la branche
occidentale de la grande muraille de la Chine pour s'ache-
miner vers celles de l'exil qui leur étaient réservées, 1200 ou
1000 ans avant l'ère vulgaire, dans le voisinage de l'Etat de
Kachmir.

Je crois que je réussirai dans ma démonstration. En tout cas,
cet exode mongol doit nous intéresser tout particulièrement,
et je réclame avec confiance un peu d'attention pour quelques instants encore.

XXII

J'ai déjà eu occasion de faire intervenir ici les *Mémoires* du pèlerin bouddhiste Hiouen-thsang. Nous savons ce qu'il est : Chinois et bouddhiste fervent, il a voulu connaître autant que possible tous les lieux illustrés par la présence ou le souvenir du Bouddha, et, dans un voyage qui n'a pas duré moins de quatorze années, il a visité une grande partie de l'Inde, le Kachmir, le Gandhara et autres contrées. Chemin faisant, il s'est enquis des mœurs et de l'histoire des peuples qu'il visitait.

Je trouve dans ses *Mémoires* le récit dont le texte va suivre et qui, nous le verrons, se rattache directement à la question ici posée :

« Jadis, dit Hiouen-thsang, lorsque le roi *Kia-ni-se-kia* (Kanichka) était sur le trône (de Kachmir), les royaumes voisins étaient émus de sa renommée, et la terreur de ses armes s'étendait jusque chez les peuples étrangers. Les princes tributaires établis à l'ouest du fleuve (Jaune) redoutaient sa puissance et lui envoyaient des otages. Lorsque *Kia-ni-se-kia* (Kanichka) avait obtenu ces otages, il les comblait d'attentions et de faveurs. Dans trois des saisons de l'année, il les faisait changer d'habitation et leur donnait quatre corps de troupe pour les protéger. Ce royaume était la résidence des otages (chinois) pendant l'hiver. C'est pourquoi on l'appela *Tchi-na-po-ti* (Tchinapati). Par suite de cette circonstance, le nom de la résidence des otages devint celui du royaume.

« Anciennement, depuis les frontières de ce pays jusque dans les Indes, il n'existait ni poiriers ni pêchers ; les otages (de la Chine) en ayant planté dans ce royaume, le pêcher fut appelé *Tchi-na-ni* (Tchînani, apporté de Chine) et le poirier, *Tchi-na-lo-che-fo-ta-lo* (*Tchînarâdjapouttra*, fils du roi de Chine). C'est pour cette raison que les habitants de ce royaume montrent un profond respect pour le pays oriental (la Chine.

(Lorsqu'ils virent le voyageur) ils le montrèrent du doigt et dirent entre eux : « Cet homme est de la patrie de nos pre-« miers rois [1] »

Dégageons de cette précieuse confidence de Hiouen-thsang tous les enseignements qui s'y trouvent contenus. Mais d'abord et pour nous bien orienter, sachons au juste quel est ce roi Kanichka dont parle le voyageur.

L'histoire des rois du Kachmir, la *Râdjatarangini* de Kalhana, va nous édifier tout à la fois sur l'époque du règne du roi Kanichka et aussi — circonstance particulièrement favorable — sur sa nationalité originelle.

En ce qui concerne ce roi Kanichka, voici trois çlokas de la *Râdjatarangini* (liv. I, nᵒˢ 168, 169, 170)[2] :

« Ensuite (c'est-à-dire après le roi Dâmôdara) régnèrent trois rois, nommés Huchka, Djuchka et Kanichka, qui bâtirent trois villes désignées par le nom de chacun d'eux.

« Djuchka, roi vertueux, construisit un vihâra[3] et les villes de Djuchkapura et de Djayasvâmi.

« Ces rois, issus de la race des Turuchkas, étaient cependant protecteurs de la vertu. Ils bâtirent, dans le champ de Çuchka et dans les autres contrées, des collèges, des temples de Buddha[4] et d'autres édifices.»

Sur la liste chronologique des rois du Kachmir, seconde période, Kanichka figure le 52ᵉ dans la série des 54 rois qui

---

[1] Stanislas Julien, *Mémoires sur les contrées occidentales*, par Hiouen-thsang. Paris, Imprimerie impériale, 1857, t. II, liv. IV, p. 199 et suiv.

[2] Râdjatarangini, *Histoire des Rois du Kachmir*, traduite par A. Troyer. Paris, Imprimerie royale, 1840, 3 vol.

[3] Le mot sanscrit *Vihâra* se rend en tibétain par *g'tsug-lag-Khang* et signifie un salon, un auditoire, une bibliothèque, un temple, où se conservent des livres et des images et où ont lieu des lectures, des discussions et des cérémonies religieuses (renseignements fournis à M. Troyer par Csoma de Körös). En général *Vihâra* se dit d'une suite d'édifices contigus à deux étages, formant un carré qui renferme un espace couvert, au milieu duquel se trouve le sanctuaire, appelé *tchâïtya*. (Troyer, *Râdjatarangini*, t. I, p. 350.)

[4] Ici se présente la question toujours controversée de la date d'existence du Bouddha, je me borne à le faire remarquer, ce n'est pas le lieu d'étudier une question aussi complexe.

remplissent cette seconde période. Parmi ces 54 rois on en compte 3 d'origine étrangère, et Kanichka est le 3ᵉ de ces rois d'origine étrangère.

L'origine de ces trois rois est, la *Râdjatarangini* le dit en propres termes : « Tartare, Turuchka, Turque. »

Les 54 rois de la seconde période de l'histoire du Kachmir ont, dans leur ensemble, régné pendant 1266 ans.

L'avènement au trône du premier roi de cette seconde période remontant à 2448 ans avant l'ère vulgaire, cette seconde période s'achève en l'an 1182 avant l'éclosion de notre ère ; et, Kanichka étant l'antépénultième roi de cette série de 54 rois, nous pouvons, dans les conditions d'une sage et satisfaisante approximation, enclaver dans le douzième siècle avant notre ère le règne de Kanichka.

Des textes combinés de la relation du bouddhiste chinois Hiouen-thsang et de la chronique des rois de Kachmir, à l'endroit de Kanichka, il résulte clairement que le royaume de Kachmir, à l'époque reculée où nous placent les faits qui nous occupent, faisait partie d'un vaste État tartare dont les frontières avoisinaient dans l'Est les frontières occidentales de la Chine.

Cette conjecture, autorisée par les textes que j'ai cités, peut être historiquement constatée. Je trouve en effet dans les Annales des Huns la confirmation expresse de la constitution d'un puissant État tartare 1200 ans avant notre ère, c'est-à-dire à l'époque où se place le règne de Kanichka d'après la *Chronique des rois du Kachmir*. Voici en entier le passage des Annales des Huns pour le fait qui nous intéresse :

« Les Hiong-nou (les Huns)[1], une des plus nombreuses nations de la Tartarie occidentale, erroient dans ces vastes campagnes qui sont au nord de la Chine, nourrissoient de nombreux troupeaux et habitoient sous des tentes. Ils étoient souvent en guerre avec la Chine, sans que pour cela les historiens chinois nous aient transmis l'histoire des Hiong-nou

---

[1] *Hiong-nou*, Vils Esclaves, dénomination chinoise des Huns.

.dès les premiers temps de l'établissement de ces peuples. Ce n'est en effet qu'environ l'an 209 avant Jésus-Christ que l'on commence à trouver d'amples détails sur cette histoire et à pouvoir donner une suite chronologique des princes Hiong-nou, qui portoient le titre de *tanjou* ou *tchen-you*. Mais il paraît en même temps que ce n'est qu'à cette époque que nous devons fixer le commencement de la puissance des Huns. Ils portèrent alors la guerre dans les provinces orientales et soumirent les Tartares qui habitoient au nord de la Corée. Ils tournèrent ensuite du côté de l'Occident, où ils étendirent leurs conquêtes jusqu'aux environs de la mer Caspienne et dans la Sibérie.

« Teou-man-tanjou est le premier empereur connu. Il mourut l'an 209 avant Jésus-Christ. En remontant de cette époque jusqu'à Tchun-goei, prince de la famille impériale de Hia (première dynastie, 1766 ans avant notre ère), qui se retira alors en Tartarie, où il fonda l'empire des Huns, on compte environ 1000 ans. *Ainsi c'est aux environs de l'an 1200 avant Jésus-Christ que nous devons placer le commencement de l'empire des Huns*[1]. »

.Les textes dont je viens de donner connaissance ont été écrits à des époques fort distantes les unes des autres et dans des conditions de complète indépendance réciproque. Hiouen-thsang, ou plus justement ses disciples ont écrit ses Mémoires dans la première moitié du septième siècle (648) de notre ère. Hiouen-thsang était Chinois. La *Chronique des rois du Kachmir*, œuvre de Kalhana, date de la moitié du douzième siècle (1148) de notre ère, Kalhana était Kachmiri. Enfin l'*Histoire générale des Huns*, par de Guignes, relève de la moitié du dix-huitième siècle.

Rien n'indique que Kalhana ait connu les *Mémoires* de Hiouen-thsang, et de Guignes, qui, de temps à autre, cite Ma-touan-lin, qu'il nomme Ma-touon-lin, ne parle ni de Hiouen-thsang ni de Kalhana.

C'est, je crois pouvoir l'affirmer, pour la première fois que

[1] De Guignes, *Histoire générale des Huns*, t. I, liv. v, p. 215-216.

ces textes ainsi confrontés sont pris, quant au fait spécial qui nous occupe, comme instrument de critique historique. Ils sont d'ailleurs entre eux en parfaite concordance, tant sur le fait en lui-même que pour l'époque à assigner à son existence.

Sans donc nous livrer ici à une analyse comparative dont les détails pourraient sembler oiseux, nous pouvons en toute sûreté de conscience résumer dans les termes suivants les faits qui ressortent de l'ensemble des documents que nous avons fait connaître :

Au douzième siècle avant notre ère, un empire des Huns existait déjà. Par son étendue de l'est à l'ouest, il embrassait toutes les contrées comprises entre les frontières occidentales de la Chine et les frontières occidentales du Kachmir. — Peut-être même sa limite occidentale atteignait-elle des contrées plus reculées dans l'Ouest. — Vers cette même époque, cet empire eut, entre autres chefs, un prince, que les *Mémoires* de Hiouen-thsang nomment Kanichka et que nous retrouvons parmi les rois de Kachmir de la seconde période. Redouté de tous ses voisins, ce prince exigeait d'eux des otages comme témoignage et garantie de leurs bonnes dispositions à son égard. Les Chinois, ses voisins d'Orient, lui livrèrent des otages, et Kanichka interna ces otages dans le voisinage de sa province du Kachmir.

Le texte fourni par Hiouen-thsang renferme d'autres enseignements, nous y reviendrons ; mais avant d'aller plus loin, constatons que les otages fournis par la Chine à Kanichka et que Kanichka interna dans le voisinage du Kachmir, ne pouvaient venir de la Chine au prince tartare que par les frontières occidentales de la Chine, qui sont en effet à l'ouest du *Houang-Ho*, fleuve Jaune ; que ces otages étaient ainsi originaires des provinces frontières de l'ouest de la Chine et notons, pour nous en servir plus tard, les noms et la position géographiques de ces provinces occidentales de la Chine.

Les frontières occidentales de la Chine relèvent aujourd'hui de trois provinces, savoir : le *Chèn-si*, le *Kan-sou* [1] et le *Sse-tchouèn*. Mais autrefois, les espaces sur lesquels s'étendent ces trois provinces étaient divisés en deux provinces seulement, savoir : le *Chèn-si* et le *Sse-tchouèn*, qui se nommait autrefois le *Chou*. Alors le *Chèn-si* s'étendait du 32e au 40e degré de latitude et du 96e au 109e degré de longitude, et la province de *Chou*, aujourd'hui *Sse-tchouèn*, du 26e au 33e degré de latitude et du 98e au 108e degré de longitude. Notons que nous sommes là en pays mongol et continuons notre étude du texte de Hiouen-thsang.

XXIII

Anciennement, dit-il, depuis les frontières de ce pays jusque dans les Indes, il n'existait ni *poiriers* ni *pêchers*. Les otages (de la Chine) en ayant planté dans ce royaume, le *pêcher* fut appelé *Tchi-na-ni* (en sanscrit, *Tchînanî*, apporté de la Chine ou don de la Chine), et le poirier, *Tchi-na-lo-che-fo-ta-lo* (en sanscrit, *Tchînaradjapouttra* [2], fils du roi de la Chine). C'est pour cette raison que les habitants de ce royaume montrent un profond respect pour le pays oriental (la Chine).

Cette constatation, à la mine enfantine, est en réalité au fond un précieux document, il y a là de l'ethnographie et de la linguistique, c'est-à-dire, pour nous guider sûrement, une double lumière :

De l'ethnographie, car Hiouen-thsang nous apprend là, implicitement, que les migrations d'otages chinois vers le

---

[1] La province de *Kan-sou* a été formée de la partie la plus occidentale de l'ancienne province de Chèn-si. Son nom est fait des noms des deux départements de *Kan-tchéou* et de *So-tchéou*. On écrit en effet *Kan-so* et *Kan-sou* (Ed. Biot, *Dictionnaire des villes et arrondissements de l'empire chinois*, p. 55).

[2] Notons en passant que les deux R du mot sanscrit *Tchînaradjapouttra* sont transcrits en chinois par la syllabe LO. Le mot *Tchi-na-lo-chi-fo-ta-lo* est la transcription chinoise du mot composé sanscrit *Tchînaradjapouttra*. Le nom chinois du *Poirier* est *Han-wang-tseu*.

Kachmir se sont répétées plusieurs fois ; de la linguistique, parce que notre voyageur nous dit la valeur exacte que nous devons attacher ici au mot *Shina*.

L'importation, aux environs du Kachmir, du *poirier* et du *pêcher* de la Chine ne doit point être en effet attribuée à la première migration des otages.

Il n'est pas douteux que les premiers otages chinois, réclamés par le roi Kanichka, durent quitter leur pays natal avec espoir de retour, et, puisqu'ils durent croire leur exil temporaire, accepter cet exil avec ses conséquences de gêne et de privations momentanées. Tout autres durent être l'impression ressentie et les dispositions prises par les otages de contingents nouveaux :

Fixés sur le sort qui les attendait par le sort infligé à leurs compatriotes de la première migration, ils durent penser à doter leur patrie d'adoption forcée des avantages dont ils avaient le bénéfice dans leur pays natal, et c'est ainsi que la *poire* et la *pêche* au Kachmir témoignent de la pluralité des migrations chinoises vers le Kachmir et expliquent comment encore, vers la moitié du septième siècle de notre ère, les tribus voisines du Kachmir montraient, comme le fait observer Hiouen-thsang, « un profond respect pour le pays oriental » (la Chine), et que les populations, lorsqu'elles virent le voyageur, se disaient entre elles, en le montrant du doigt : « Cet homme est de la patrie de nos premiers rois. »

Les Annales des Huns affirment à plusieurs reprises le souvenir des migrations de Chinois mongols vers le Kachmir, et j'ai déjà fait observer que de Guignes parle de Chinois qui avaient passé anciennement en Tartarie, où leur postérité s'était conservée.

L'historien arabe Al Byrouny [1], dont j'ai déjà fait intervenir le témoignage, me vient encore en aide sur ce point ; parlant des pays voisins du haut Indus, il constate que « les pays

----

[1] Reinaud, *Fragments arabes et persans relatifs à l'Inde*, extrait de l'ouvrage de Al Byrouny sur l'Inde, p. 117.

que les Turcs (Mongols) occupent portent le nom de Ghil-
ghit, Asourah (Assor) et Schaltas (Chilas)..... les habitants
de Cachemire ont beaucoup à souffrir de leurs incursions. »

Les migrations répétées de Chinois mongols vers le Kachmir et la Tartarie sont donc un fait dont il n'y a pas à douter.

Quant à la dose de linguistique que renferme la confidence
de Hiouen-thsang, quoique fort mince, elle est aussi visible
que précieuse. C'est de la linguistique à la portée de tous et
qui s'accuse tout entière, claire comme le soleil, dans les
deux mots *Tchînani* et *Tchinarâdjapouttra*, qui, l'un et l'autre, disent, de la manière la plus positive, que le mot *Tchîna*,
qui entre dans leur composition, signifie *Chine* et affirme un
fait dont l'acquisition est capitale pour l'objet de nos recherches, comme nous le verrons plus loin.

XXIV!

Il nous reste un dernier enseignement à puiser dans la relation de Hiouen-thsang.

C'est, on se le rappelle, dans les dernières années de la
première moitié du septième siècle de notre ère, que le
bouddhiste chinois Hiouen-thsang visita le Kachmir et les
contrées adjacentes. En ce temps-là, dix-huit cents ans
avaient passé sur le monde depuis la fondation de l'empire
des Huns et les divisions territoriales de l'Asie centrale s'é-
taient profondément modifiées. Le Kachmir était indépen-
dant et de nombreux Etats secondaires, vassaux du puissant
suzerain, se groupaient dans son voisinage, sous sa protection.

Au nombre de ces Etats secondaires, se trouvait alors le
royaume de *Tchînapati*, dont parle Hiouen-thsang.

L'étude de la carte de son voyage nous informe que l'Etat
de *Tchînapati* était limitrophe du Kachmir, dont il bordait
le territoire à l'est-sud-est [1].

---

[1] C'est le *Katotch* actuel.

C'était, comme nous l'a dit Houen-thsang, sur les terres qui furent plus tard, en tout ou en partie, l'Etat de *Tchîna-pati*, qu'étaient, au temps de Kanichka, durant les trois mois de la saison d'hiver, confinés les otages chinois dont Hiouen-thsang a rencontré la descendance, et nous savons de plus par le même Hiouen-thsang que, pendant les neuf autres mois de l'année, ces mêmes otages étaient transplantés sur un autre point voisin des frontières du Kachmir.

Du fait que les otages chinois étaient relégués pendant l'hiver dans une contrée située au sud du Kachmir, nous pouvons valablement induire que, au temps de la saison chaude, ils devaient être placés sur un point plus septentrional[1].

Cette déduction, si naturelle qu'elle semble une vérité acquise par elle-même, a, d'ailleurs, sa preuve écrite.

Si nous interrogeons en effet les contrées circonvoisines du Kachmir dans les horizons du sud, de l'ouest et du nord, nous n'y trouvons que sur un point des légendes et des traditions locales, imprégnées de souvenirs chinois ou mongols, et, ce point vers lequel ces souvenirs se portent d'eux-mêmes, ce point, situé au nord du Kachmir, est justement la contrée traditionnellement dénommée *Dardistan;* contrée dont les habitants, inconscients de leur origine lointaine, en portent cependant la livrée séculaire, et par le nom de *Dardis* qui leur est donné et par l'appellation *Shina* qui désigne leur langage particulier.

Shina rappelle les *Shins* et les Chinois; *Dardes* rappelle les *Daradas*, et *Darde* et *Shina* nous reportent tout naturellement en Mongolie, au pays des *Ours*, des *Daradas*, des *Tshins* et des *Chinois*. Pays d'où sont venus les otages chinois de Kanichka, les *Tchins* de de Guignes, les *Shins* du major Biddulph; d'accord avec les attestations de Hiouen-thsang, de Kalhana, d'Al Byrouny; d'accord avec cette légende en-

---

[1] Ces otages étaient nomades, au moins par ordre, par conséquent pasteurs. Durant la saison chaude, le Nord, plus sûrement que le Midi, pouvait leur fournir des pâturages.

core vivace au Kachmir, légende qui fait venir les *Dardis* du pays des Ours.

C'est là, ce me semble, une affirmation aussi claire que positive de l'origine mongole des *Dardis*. Rien n'y manque et dans la démonstration tout répond aux exigences les plus sévères de la vérité.

XXV

Dans la discussion qui précède, j'ai pu suivre, sans jamais compromettre l'une par l'autre, deux pistes différentes pour arriver à la démonstration du même fait, démonstration au terme de laquelle je suis parvenu.

Dès à présent, je pourrais donc me résumer et conclure.

Mais, grâce à l'exquise obligeance de notre collègue M. Rousselet, j'ai été mis en possession de documents capables de fournir une troisième affirmation, et il ne peut qu'être avantageux de connaître ces documents et la valeur dont ils sont revêtus. Ces documents sont fournis par M. le major Biddulph, dont j'ai déjà parlé. Plus favorisé que nous, M. le major Biddulph a pu, pendant six ans, étudier sur place et sur le vif les multiples tribus du Dardistan.

Le major Biddulph ne compte pas moins d'une douzaine de castes ou familles dans les divers cantonnements du Dardistan.

Deux de ces castes ou familles, les *Shins* et les *Bourouts*, l'emportent en nombre sur les autres. Ensemble, elles forment les quatre cinquièmes de la population totale[1].

Le major passe en revue les dialectes divers parlés au Dardistan, mais ce qu'il dit de l'idiome *Shina* semble en faire l'idiome principal de toute la contrée. « La Grammaire de la langue *Shina*, dit-il, peut fort bien (*fairly*) s'appliquer à tous les idiomes que parlent les tribus bigarrées (*broken*) du Dardistan[2]. » M. Biddulph affirme que « la dénomination de

---

[1] *Tribes of Hindoo Koosh*, major Biddulph, chap. III, p. 34.
[2] The Grammar of the *Shina* language may be taken as fairly typical of

Dard n'est franchement acceptée par aucune portion des tribus à qui elle est si libéralement prodiguée ; que c'est à peine si, dans des circonstances particulières, elle est appliquée par une tribu à ses voisins » [1].

Pour M. Biddulph, les tribus du Dardistan sont races abâtardies et méconnaissables.

« Séduits, dit-il, par la beauté, justement célèbre même encore aujourd'hui, des femmes des contrées acquises par leurs ancêtres, les *Dards* ont dès longtemps compromis par leurs préférences les caractères distinctifs de leur race originelle [2]. Il est impossible, dit M. le major Biddulph, en considérant ces races tout spécialement désignées par la dénomination de *Dard*, de ne pas constater qu'elles sont en complète décadence. Au sud et à l'ouest, pressées par les Afghans, à l'est par les Tartares et en partie par les Kachmiri, au nord par les Tadjicks, les *Dards* ne peuvent manquer d'être supplantés et absorbés par leurs voisins [3]...

« Les *Dards* sont sans aucune autre industrie que l'agriculture. Ils sont sans énergie. Ils ne se sentent ni humiliés par la misère, ni excités par le succès de leurs voisins..... Ils sont destinés à disparaître prochainement [4]..... »

that of the languages spoken, by the broken tribes in the Indus. (*Tribes of the Hindoo Koosh*, major Biddulph, chap. xiv, p. 156.)

[1] The name Dard is not acknowledged by any section of the tribes to whom it has been so sweepingly applied. In a single instance the term is applied by ones to some of their neighbours. (Même ouvrage, chap. xiv, p. 156-157.)

[2] In the process of occupation of this country, they (the Dards Boorish) must have subdued the aryan (Siah Posh) inhabitants, whose women were probably not less sought after for their beauty then than at the present day, and in this way and by absorbing the tribes already occupying the ground, they gained a sufficient infusion of aryan blood to alter their type of feature and their general characteristics. (Major Biddulph, *Tribes of Hindoo Koosh*, chap. xiv, p. 160.)

[3] It is impossible to view the so called Dards closely without recognising that they are a decadent race, from the south and west the Pathan, from the east the Tartar, and in less degree the Cachmiri, and from the north the Tajik, are steadily pressing upon and supplanting them. (Même ouvrage, chap. xiv, p. 164.)

[4] Their want of energy and adaptability, their unwillingness to employ

Voilà un tableau chaud de couleur, mais d'assez triste aspect, et je comprends que dans cette contrée, où la promiscuité des races a dès longtemps effacé et confondu les caractères distinctifs de chacune de celles qui sont venues y échouer, on y puisse, en passant, récolter à volonté des bruns et des blonds. Tous les voyageurs peuvent également avoir raison : M. le docteur Leitner avec ses échantillons de bruns ; M. de Ujfalvy avec ses échantillons de blonds, et notre collègue peut en toute assurance restituer à ses *Dardis* aux yeux bleus la blonde chevelure qu'ils ont perdue dans le trajet de notre tribune à l'imprimerie.

XXVI

Quant au passé des tribus du Dardistan, M. le major Biddulph paraît s'en être enquis avec un soin minutieux, et il a recueilli sur chacune d'elles tout ce qui a échappé à l'oubli. Il a su que les *Shins* sont la descendance d'une colonie de *Shins* dès longtemps venus du nord-ouest de la Chine ; et, remontant à propos de la nombreuse famille des *Bourouts* à l'an 120 avant notre ère, il dit expressément « qu'il convient de voir en eux la descendance des *Yuœchi* qui conquirent la Bactriane vers l'an 120 de notre ère [1] ». C'est egalement ce que disent les annales des Huns. Parlant des successeurs d'Alexandre dans la Bactriane, De Guignes s'exprime ainsi : « Après sa mort, ses successeurs régnèrent sur la Bactriane et sur les pays le long de l'Indus ; ils ont été dé-

---

themselves except in agriculture... unmoved by the contrast presented between their own state and the increasing prosperity of those who settle among them... all the *Dards* are destined in time to desappear. (Même ouvrage, chap. xiv. *Ad finem.*)

[1] I beleive that in them (Boorish) we see the descendants of the *Yuechi* who conquered Bactria about 120 B.C. In the term Yeshkun applied to them by their neighbours, the old name perhaps survives and in the name *Boorish* by which they still call themselves is perhaps traceable in Pooroosha the ancient name of Peshawar which was the seat of the *Indo-Scythic* Kingdom founded by the son of Kitolo of the *little yuechi* tribes. (Même ouvrage, chap. xiv, p. 160.)

truits, l'an 134 avant Jésus-Christ, par des peuples tartares venus de la Chine et nommés *Yuechi*[1]. » Enfin, M. Girard de Rialle nous fournit sa part de témoignages pour l'affirmation de l'origine mongole des *Bourouts* du Dardistan, quand, dans son *Mémoire sur l'Asie centrale* (§ VI, p. 80), il prend soin de nous faire savoir que, parmi les nombreux idiomes qui sont parlés dans l'Asie centrale, figurent ceux dont se compose la branche *Mongole*, qui se divise en trois dialectes : le mongol proprement dit, le *kalmouk* et le *bouriate*, c'est-à-dire le dialecte primitif des *Bourouts*, qui ont leur descendance au Dardistan.

Cette concordance de témoignages, qui des Bouroutes du Dardistan fait des *Yuechi*, reporte tout naturellement notre attention sur les *Gètes* et les *Massagètes*, qui sont les *Yuei-tchi* et les *Ta-Yuei-tchi* des géographes de la Chine pour les temps anciens[2].

XXVIII

Ma-touan-lin, ainsi que je l'ai déjà fait observer, enseigne que la terre d'origine des *Yuei-tchi* et des *Ta-Yuei-tchi*, gît au nord-ouest de la province de *Chèn-si*.

Autrefois la province de *Chèn-si* s'étendait du 32e au 40e degré de latitude et du 96e au 109e degré de longitude. C'est à l'ouest de cette province qu'était la terre d'origine des *Yuei-tchi* et nous sommes là en pays mongol.

Ptolémée signale des *Massagètes* dans le voisinage des *Comedi* et la *Vallis Comedorum* occupait, à l'estime de Ptolémée, rectifiée par Gosselin, un espace correspondant au 40e degré de latitude et au 109e (129 — 20)[3] degré de longitude[4], ce

---

[1] De Guignes, *Histoire générale des Huns*, t. I, p. 159.

[2] Le mot *Yuei-tchi* est fait des deux mots chinois *youèi*, lune, et *tchi*, branche : Branche lunaire. Les *Ta-youè-tchi* sont les grandes branches lunaires. *Ta* signifie « grand ».

[3] Ptolémée a compté ses parallèles de longitude à partir de l'extrémité la plus occidentale du vieux monde, du Cap Vert à peu près ; pour ramener ses longitudes au méridien de Paris, il faut en déduire les 20 degrés de différence.

[4] Cl. Ptolémée, *Geographia vetus*, in-f°. Amsterdam, 1619, p. 187 ; et Gosselin, *Recherches sur la Sérique des anciens*, p. 26.

qui se rapporte exactement à la position de la province de *Chèn-si*, telle qu'elle était constituée aux temps anciens.

Enfin les Annales des Huns, dans un chapitre spécial aux *Ta-Yuei-tchi*, disent que ces *Ta-Yuei-tchi* sont une nation tartare originaire des euvirons de *Kan-tchéou* et de *So-tchéou*[1]. Ailleurs, parlant encore de cette contrée de *So-tchéou*, De Guignes fait cette expresse déclaration : « Tout ce pays, avant la dynastie des Han [2], était possédé par des Tartares appelés *Yuei-tchi* [3]. »

Un autre passage de l'histoire générale des Huns nous fixe tout à la fois sur la position de la terre d'origine des *Tsin* et des *Yuei-tchi*. Au tome Ier, liv. Ier, p. 21, on lit : « Les Huns (alors établis dans le nord) repassèrent le Hoam (le Houang-Ho, fleuve Jaune) rentrèrent dans le pays d'Ortous et reprirent tout ce qu'ils possédaient avant d'avoir été chassés par les *Tsin* », et p. 22 : «Téou-men, empereur des Huns (alors dans le nord), déposa son fils *Mé-té*, l'éloigna de la cour et l'envoya en otage chez des peuples voisins nommés *Yuei-chi*». Nous sommes là au nord-ouest de la province de *Chèn-si*, dont nous connaissons la position. Quant aux positions de *Kan-tchéou* et *So-tchéou* dont je viens de parler, les voici : pour *Kan-tchéou* elle s'inscrit par 34° 37′ en latitude et 106 degrés en longitude [4]; pour *So-tchéou*, par 39°45′, en latitude et 96°47′ en longitude[5].

En somme, les indications fournies par Ma-touan-lin, par Ptolémée et par les Annales des Huns sur la contrée d'origine des *Yuei-tchi*, *Gètes*, et des *Ta-Yuei-tchi*, *Massagètes*, peuvent se traduire en points géographiques dont voici la notation : en latitude 32 à 40 degrés, en longitude 96 à 109 degrés.

Et ce serait là ma dernière constatation de ce genre, si je

---

[1] De Guignes, *Histoire générale des Huns*, t. I, IIe partie, art. 4, p. 88.

[2] De 204 avant notre ère à l'an 9 de notre ère.

[3] De Guignes, *Histoire générale des Huns*, t. I, IIe partie, p. 9.

[4] Edouard Biot, *Dictionnaire des villes et arrondissements de l'empire chinois*, p. 56.

[5] Même ouvrage, p. 185.

n'avais à faire connaître encore la position géographique de la grande muraille de la Chine, dans le voisinage de laquelle je me suis engagé à reporter l'origine des *Dardis*, estimant que les populations dont l'origine relève de ce voisinage sont plus essentiellement acquises à la famille mongolique.

XXIX

La grande muraille de la Chine mesure 700 kilomètres environ, elle se divise en plusieurs sections.

La branche qui constitue la section la plus occidentale sous-tend l'arc décrit par le *Houang-Ho* ou fleuve Jaune entre le 103° et le 108° degré de longitude à la hauteur des 38° et 41° degrés de latitude, et ferme par le nord la province de *Chèn-si.*

Une autre branche, s'appuyant sur la rive gauche du *Houang-Ho*, couronne par le nord les provinces de *Chan-si* et de *Tché-li* et va prendre fin au golfe de *Petchéli* à un point de la côte indiqué par l'intersection du 40° degré de latitude et du 118° degré de longitude.

Bien entendu, nous n'avons affaire ici qu'avec la branche occidentale dont la position se définit, en latitude par 37° à 39° 30′, et en longitude par 103 à 108 degrés.

Et maintenant je me résume et je conclus.

XXX

Des témoignages invoqués, des preuves fournies aujourd'hui et précédemment, il résulte que les *Dardis* ou *Dardes*, qui, malgré les scrupules bien intentionnés et savants de M. Girard de Rialle, ne peuvent pas constituer un îlot d'êtres sortis d'une génération spontanée, sont certainement :

1° Ou bien la descendance des *Daradas* des textes sanscrits ;

2° Ou bien la descendance des otages chinois de Kanichka en dernier lieu fixés au nord du Kachmir ;

3° Ou bien la descendance des *Yuei-tchi*, comme les *Gètes* et les *Massagètes*.

S'ils sont la descendance des *Daradas*, leur terre d'origine embrassait les espaces géographiques définis par 32 à 40 degrés de latitude et 96 à 109 de longitude ;

S'ils sont la descendance des otages chinois, leur terre d'origine se définit par 26 à 40 degrés de latitude et 96 à 109 degrés de longitude ;

S'ils sont la descendance des *Yuei-tchi* et *Ta-Yuei-tchi*, *Gètes* et *Massagètes*, leur terre d'origine est déterminée par 32 à 40 degrés de latitude et 96 à 109 de longitude.

C'est-à-dire que, pour les trois états de la question examinés séparément, nous arrivons à un seul et même point géographique qui s'écrit par : 32 à 40 degrés de latitude, 96 à 109 degrés de longitude.

Les chiffres déterminatifs de la position de la grande muraille de la Chine, branche occidentale, étant, en latitude 37 à 39° 30', en longitude 103 à 108 degrés, la terre d'origine des *Dardis* ou *Dardes*, des *Gètes* et des *Massagètes*, se trouverait par le nord et par l'ouest dans le voisinage immédiat de la grande muraille de la Chine (branche occidentale).

Dardis ou *Dardes*, *Gètes* et *Massagètes* seraient donc bien d'origine mongole et congénères.

C'est bien là ce que j'avais annoncé et ce que je devais prouver.

Après examen vous me direz si j'ai réussi.

LA POLYANDRIE

AU TIBET ET CHEZ LES ARYAS HINDOUS

RÉPONSE A M. DE UJFALVY

LUE A LA SÉANCE DU 15 MARS 1883

A la suite des intéressantes communications que nous ont
faites, il y a quelques semaines, M. Rousselet et M. Vinson
sur les mœurs conjugales des populations de l'Inde méridionale, j'ai demandé à témoigner de l'usage de la polyandrie
chez les Aryas Hindous de l'Inde du Nord, dès les premières
époques historiques de leur nationalité.

Je viens satisfaire à l'engagement que j'ai pris, mais avant
de fournir sur la question que j'ai ainsi mise en avant les détails circonstanciés que j'ai pu recueillir, je tiens à présenter
de courtes observations sur des points d'ethnographie et d'histoire qu'a traités M. de Ujfalvy à la réunion du 18 janvier
dernier.

Il s'agit, d'une part, de rapporter à leur véritable cause les
angoisses de famine qui, au Ladâk et au Tibet, se produi-
sent, paraît-il, chez les familles coloniales établies sur de
vastes territoires, et, d'autre part, de ramener à l'exactitude
historique les critiques plus que sévères que notre collègue
n'a pas craint d'émettre sur le caractère de Jules Klaproth.

Ici et là, je serai bref.

I

Revenant, une fois encore, à onze mois de distance, sur la pratique de la polyandrie au Tibet, M. de Ujfalvy, qui, dans ces derniers temps, a pu fouiller et vider tous les compartiments de son portefeuille de voyage, nous a de nouveau affirmé que la polyandrie est, pour les populations tibétaines, une garantie de conservation et de perpétuité.

La première fois que notre collègue produisit ici cette affirmation, il négligea de l'appuyer de témoignages justificatifs. Il renouvelle aujourd'hui son affirmation, et soucieux, cette fois, de nous convaincre, il en accompagne l'expression de témoignages dont l'importance lui paraît de nature à nous entraîner à sa suite.

Au Ladâk [1], car c'est de cette province que M. de Ujfalvy entend surtout nous entretenir; au Ladâk, nous dit-il, la terre est si rebelle à la production qu'il y a nécessité de faire obstacle à l'extension de la population, afin que, suffisamment tenue en arrêt et mise en rapport avec la pauvreté du sol, cette population puisse y trouver à vivre, et, doublant la dose de cette argumentation typique, notre collègue ajoute, en façon de preuve : « Il existe au Ladâk des familles qui, chacune, possèdent des territoires dont la superficie mesure jusqu'à 10 kilomètres carrés et plus, et dont chacune de ces familles tire à grand'peine sa subsistance. » Là-dessus, notre collègue exalte les bienfaits de la polyandrie qui, en supprimant quatre femmes, c'est-à-dire quatre agents de reproduction effective, dans un ménage commun à cinq maris, réduit ainsi à de moindres proportions les maléfices de la famine [2].

---

[1] Ladâk, en tibétain *La-tags*. Le Ladâk est aussi dénommé *dMar-youl* ou *dMar-po-youl*, c'est-à-dire « Terre rouge », ou encore *Kha-chan-pa*, c'est-à-dire « Terre de neige ».

[2] Le major Alexander Cunningham, dans son ouvrage : *Ladâk physical, statistical, historical with notices of the surrounding countries*, Loudon, 1854, exprime la même pensée.

Il y a dans cette affirmation de M. de Ujfalvy une singu-
lière méprise, et son raisonnement triomphal, tout con-
cluant qu'il soit en apparence, ne vaut pas mieux, au fond
que le procédé curatif du pâtre Agnelet, qui, on le sait,
tuait ses brebis pour qu'elles ne mourussent pas de la cla-
velée [1].

Toutefois, si bizarre qu'il soit, ce raisonnement mérite de
fixer notre attention, à cause du fait monstrueux qu'il nous
dénonce; à savoir : que la terre est au Ladâk de si pauvre
rendement qu'il y est de nécessité absolue, pour mettre la
population en rapport numérique des maigres ressources ali-
mentaires qu'elle fournit, de sacrifier méthodiquement quatre
générations sur cinq.

Ce triste phénomène a des causes supérieures que ne nous
a point dites notre collègue, et je vais tâcher de suppléer à
son silence sur ce point.

II

M. de Ujfalvy nous a dépeint le Ladâk sous de bien tristes
couleurs, mais il eût pu faire ces couleurs plus tristes encore
sans sortir de la vérité.

Depuis plus de quarante ans, le Ladâk, auparavant très
prospère, est, en un seul jour, devenu le pays de la déso-
lation.

Ladâk est la dénomination régionale d'une partie du territoire du second Tibet ou petit Tibet [2].

Le Ladâk est compris entre le 74ᵉ et le 78ᵉ degré de longi-

---

[1] Théâtre de Brueys, t. III, *l'Avocat Patelin*, acte Iᵉʳ, scène vii.

[2] « Les indigènes du Ladâk, dit Pritchard, *Natural History of Man*,
p. 217, relèvent, comme les Tibétains, de la famille tatare. Les traits de
leur visage accusent ouvertement leur affinité avec les peuples de race
mongole, tels que les Tongouses et les Kalmuks. »

Les indigènes du Ladâk se donnent le nom de *Bod-pa*, qu'il faut pro-
noncer *Bol-pa*. Ils parlent la langue tibétaine.

Depuis l'année 1846, le Ladâk relève du gouvernement du mahârâdja du
Kachmir.

tude et le 33ᵉ et le 35ᵉ degré de latitude. Il se limite, au sud, par les montagnes de la chaîne de l'Himalaya, et, au nord, par celles de Karakorum.

Le territoire du Ladâk s'étend à droite et à gauche de l'Indus supérieur, sur cette partie de son cours qui précède immédiatement le point de jonction de l'Indus et de la rivière Shayok.

La rivière Shayok coule des pentes méridionales des montagnes Karakorum, à la hauteur où le 35° 30′ de latitude croise le 75° 30′ de longitude.

Cette rivière descend d'abord directement du nord au sud jusqu'au 34° degré de latitude; arrivée là, elle infléchit brusquement vers le nord-ouest et va, obliquement, se marier à l'Indus, au point d'intersection du 74ᵉ degré de longitude et du 35° 25′ de latitude.

L'espace compris entre ces deux cours d'eau est un plateau longitudinal, renflé d'une épine dorsale dont les prolongements latéraux, vers les deux rivières qui les bordent, ne dominent que par un faible relief le niveau ordinaire des eaux de ces rivières.

Lèh ou Ladâk, capitale de cette contrée, est située par 75° 30′ de longitude et 34° de latitude. Elle est assise, à droite de l'Indus et dans son voisinage, sur la partie orientale de la péninsule formée par l'Indus et le Shayok. Lèh est l'entrepôt principal des shalls du Kachmir, le centre du commerce dont ils sont l'objet.

Le territoire du Ladâk, autrefois plantureux, gras et fertile, produisait en abondance, avant 1841, des céréales en froment, orge et blé noir, et des fruits recherchés, pommes et abricots.

Mais, au mois de juin de l'année 1841, un cataclysme d'effrayante proportion s'est abattu sur la plus grande partie du territoire du Ladâk et y a porté la ruine pour bien longtemps encore, sinon pour toujours[1]. L'Indus et le Shayok, alors

---

[1] *Ladâk physical, statistical, historical, with notices of the surrounding countries*, by Alexander Cunningham, 2 vol. gr. in-8°, London, 1854.

démesurément gonflés par d'abondantes fontes de neige, franchirent impétueusement leurs rives, et, de gauche et de droite, se ruant avec fureur à travers les territoires qui les avoisinent, décharnèrent le sol et, à la terre végétale, substituèrent d'épaisses couches de gravier et des débris de roches de toutes formes et de tous volumes [1].

C'est ce Ladâk ravagé qu'a vu M. de Ujfalvy et dont il fait la base de ses appréciations. De ce Ladâk en ruine, nous

---

[1] La *Râdjatarangini* signale au Kachmir un pareil désastre par inondation sous le règne du roi Partha, au commencement du dixième siècle de notre ère. Voici comment s'en exprime Kalhana :

« 269. Dans ce temps qui, semblable à une chute de sel dévorant, détruisait le peuple, il survint subitement une éruption d'eau qui noya toute la récolte du riz d'automne.

« 270. Comme il était difficile de se procurer de la nourriture, un khâri (mesure de capacité dont je ne sais pas la juste équivalence) se vendant pour mille *pièces de monnaie*, une grande perte d'hommes eut lieu par la disette dans l'horrible année 93 (du cycle kachmirien) = 920.

« 271. La Vitastâ (rivière du Kachmir et du Pendjab) fut partout couverte de cadavres gonflés de l'eau qui les avait pénétrés, de manière que le courant du fleuve pouvait à peine s'apercevoir.

« 272. Tout l'espace de la terre, devenu une couche épaisse d'ossements, présenta un seul cimetière remplissant d'horreur tous les êtres. » (*Râdjatarangini*, t. II, liv. V.)

Mille ans environ auparavant, sous le règne de Tundjîna (troisième roi de la quatrième période), un siècle avant l'établissement de l'ère vulgaire, le Kachmir souffrit d'une grande disette, dont un hiver prématuré fut la cause. Voici le passage de la Râdjatarangini à ce sujet :

« 18. Un grand froid survint tout d'un coup dans le mois de Bhâdrapada (août), lorsque tous les champs, revêtus du riz de l'automne, touchaient à leur maturité.

« 19. Par ce froid, qui ressemblait au rire violent de Khâla (nom de Çiva comme dieu destructeur), quand il se prépare à la destruction de l'univers, périrent les récoltes futures du riz, avec l'espoir de la subsistance du peuple.

« 20. Alors survint le ravage de la disette, et il s'éleva, pour ainsi dire, un rempart funèbre, formé confusément de cadavres d'hommes qui étaient morts de faim. »

Dans cette lugubre situation, le roi Tundjîna et la reine Vakpuchtâ se disposaient à se sacrifier à la colère céleste, quand une averse de pigeons, chaque jour répétée, s'abattit sur les habitants survivants et arrêta les effets de la disette.

« 50. Après qu'elle (la reine) eut parlé ainsi avec véhémence et par une n'avons que faire pour l'objet qui nous occupe[1]. Au contraire, le Tibet s'offre à nous dans des conditions normales, et une étude succincte sur l'ensemble de son territoire va pouvoir nous édifier, sans déplacement, sur la portée économique de la polyandrie qui s'y pratique couramment.

III

Le Tibet s'étend entre le 28e et le 33e degré de latitude ; il relève ainsi de la latitude de la basse Égypte et du Maroc. Le relief du Tibet accuse, nous le savons, une contrée de hautes montagnes ; par conséquent, des vallées supérieures et des plaines intermédiaires. L'hiver, les montagnes du Tibet se couvrent d'épaisses couches de neige ; la température s'abaisse alors avec excès, et, de fait, la saison d'hiver est rude au Tibet.

L'été, au contraire, la chaleur y est fort vive et, de très bonne heure dans cette saison, les vallées supérieures et les plaines intermédiaires se dessèchent et deviennent arides.

Mais le Tibet, qui souffre ainsi de l'excès du froid et de l'excès de la chaleur, n'est point déshérité d'avantages capables de compenser les inconvénients de son climat.

Le Tibet a de profondes et larges forêts [2] où des familles re-

---

inspiration divine, une multitude de pigeons tomba sans vie dans chaque maison.

« 51. Le roi, ayant vu cela le lendemain, se désista de sa résolution de mourir, et ses sujets sauvèrent leur vie au moyen des pigeons qu'ils obtenaient chaque jour.

« 52. En effet, cette femme vertueuse n'était-elle pas, dans cette occasion, égale à un créateur ? Les pigeons n'ont-ils pas servi à la conservation de la vie des hommes ? » (*Râdjatarangini*, t. II, liv. II.)

[1] Le revenu du Ladâk n'est estimé qu'à 8 000 livres sterling (200 000 francs environ).

Dans les conditions fâcheuses où il se trouve aujourd'hui, le Ladâk, pour ses terres improductives, est exempté de l'impôt foncier.

[2] « Et après les .V. journées que je vous ai dit, a donc entre l'en en une forest qui est moult grant, qui est en la province de Tebet. » (*Le Livre de Marco Polo*, édition de G. Pautier, 2e partie, chap. cxiv, p. 370.)

On lit encore dans J. Bernoulli, *Recherches historiques et géographiques*

ligieuses et civiles, constituassent-elles une population des plus denses, trouveraient pour leurs foyers d'hiver tout l'aliment nécessaire à les égayer jusqu'à la consommation des siècles[1]. D'autre part, aux jours chauds, l'eau, c'est-à-dire la végétation presque facultative, ne peut pas manquer au Tibet. Les neiges que l'hiver amoncelle sur ses montagnes seront toujours, aux temps chauds, avec un peu de soin, d'inépuisables ressources d'arrosement pour ses hautes vallées et ses plaines intermédiaires.

Malheureusement, au Tibet, cette précieuse ressource n'est pas utilisée, et la fortune du Tibet s'expatrie périodiquement en pure perte[2].

Les Pyrénées, les montagnes de l'Auvergne, sous des latitudes moins favorables que celles du Tibet, mais ouvertes et exposées comme le sont les montagnes du massif tibétain, sont émaillées, à des altitudes de 1 000 à 1 500 mètres, de riches pâturages et de plantureuses terres arables[3]. Mais là on ne craint pas de faire des enfants ; on les multiplie, au contraire, le plus possible. On fait ainsi des bras qui creusent des rigoles de dérivation et d'irrigation, qui ouvrent des tranchées d'assainissement et dessèchent les terres trop humides

sur l'Inde, t. II, p. 282, à propos de la campagne entreprise par l'ordre de Akbar pour trouver les sources du Gange : « On s'avança toujours du côté du nord, et plus on approchait de la source, plus le lit du fleuve s'étrécissait. On traversa des forêts inhabitées, où il fallut se faire des chemins nouveaux. »

[1] L'ouvrage : *Account of Koonawur, in the Himalaya,* by the late capt. Alexander Gerard, etc., London, 1841, fournit d'intéressantes indications topographiques sur ces contrées himalayennes, et à la fin, en appendice, une note très étendue des essences forestières et des arbres fruitiers qui croissent dans les montagnes et sur leurs pentes. Voir aussi : *Asiatic Researches*, Serampore, 1825, vol. XV, p. 339 et suivantes.

[2] Par le fleuve Zzang-bo-tsiou. Ce fleuve est le plus grand cours d'eau du Tibet ; il reçoit les eaux de presque toutes les rivières de cette région. Son nom *Zzang-bo-tsiou* signifie « eau pure ».

Ce fleuve est l'Irrawaddy de l'empire des Birmans, dont il arrose le territoire du nord au sud.

[3] L'ouvrage déjà cité du capt. Alexander Gerard constate les mêmes faits dans les montagnes du Koonawur.

au bénéfice des terres sèches. Là toute terre accessible est cultivée, là l'aisance est grande et la vie à bon marché.

Ces rigoles de dérivation et d'irrigation, ces tranchées d'assainissement, ces bras nombreux qui travaillent la terre et la préparent à des succès prochains, le Tibet ne les possède pas et c'est la polyandrie qui motive ce déplorable déficit de l'outillage humain.

IV

Un agent plus indispensable encore que l'outillage humain manque aussi au Tibet pour qu'il puisse bénéficier des avantages naturels qui lui sont départis. Cet agent, c'est le temps, le temps dont la vie est faite et sans large dotation duquel l'agriculture, la première et la plus utile des industries humaines, est absolument impraticable.

Ici, c'est le régime économique du Tibet qu'il faut accuser : nous allons voir dans quel sens et pourquoi.

Le Tibet qui depuis l'année 1750 relève politiquement de la Chine[1] est, on le sait, la terre d'élection et de prédilection du bouddhisme, et le Dalaï-lama[2], incarnation continue, perpétuelle et divine du Bouddha, le Dalaï-lama, chef suprême du bouddhisme, domine au Tibet toutes les consciences.

L'importance religieuse du Dalaï-lama est immense et l'attraction qu'elle exerce est telle, que toute la contrée

[1] Le gouvernement chinois entretient auprès du Dalaï-lama, depuis plus de cent ans, deux commissaires civils. Cette circonstance donne une grande autorité à ce que disent du Tibet les géographes chinois.

[2] Ce terme « Dalaï-lama » est mongol. Il a été adopté à la suite d'une entente préalable, intervenue entre le grand prêtre du bouddhisme et le souverain mongol Altan-Khagan (vers 1580) et substitué au titre tibétain de « Gyamdzo ». *Dalaï* signifie : mer, océan, immensité; *Lama* comporte l'idée de supérieur, de suprême. Dalaï-lama peut se traduire par « Immensité suprême »; il s'entend alors comme nous entendons : Sa Sainteté, Sa Majesté, Son Excellence.

Le mot tibétain *Gyamdzo* a la même valeur. (Conf. Abel Rémusat, *Mélanges posthumes d'histoire et de littérature orientales*, analyse de l'histoire des Mongols de Sanang-Setsen, et *Breve notizia del regno del Thibet*, dal Fra Francesco Orazio della Penna di Billi, p. 37 et note.)

semble ne plus être qu'une immense ruche de religieux[1] auxquels s'adjoignent, comme complément national, des artisans et des pasteurs.

Aussi la constitution de la propriété foncière directe et individuelle, telle que nous la comprenons, n'existe-t-elle pas au Tibet.

Le territoire de cette vaste contrée est, dans son ensemble, l'apanage domanial du Dalaï-lama, qui, ayant à pourvoir de moyens de subsistance le personnel de sa maison, son clergé de toutes classes et de tous ordres, ainsi que les couvents d'hommes et de femmes où se recrutent son clergé et le personnel de sa maison, concède à titre temporaire et congéable, presque facultativement, des portions détachées du territoire domanial, aux couvents, qui eux-mêmes, dans les conditions qui leur sont imposées, en font, chacun dans l'étendue de son ressort particulier, des attributions partielles, par tribus ou par familles[2].

---

[1] Consulter à ce propos la carte de l'Asie centrale, dressée d'après les cartes levées par l'ordre de l'empereur Kiang-Loung. Edition J. Klaproth, 1836. Voir aussi : *An account of a tour made to lay down the course and levels of the River Setlej or Satûdrá, etc.*, by capt. J.-D. Herbert; dans *Asiatic Researches or Transactions of the Society, instituted in Bengal for inquiring into the history and antiquities, the arts and sciences, and literature of Asia,* vol. XV, p. 339 et suivantes.

Chemin faisant, le capitaine Herbert a pu recueillir des notions itinéraires sur le Tibet et le Ladâk. Voici un itinéraire des sept stations de Garû (Gertop) à Mansarower.

1. Tûkyû, eight houses.
2. Mensar, twelve houses, inhabited by lamas.
3. Chupta, four-houses.
4. Chêkûng, two houses.
5. Karlep, six houses.
6. Turjan, twelve houses, inhabited by lamas.
7. Mansarower, sixty-four houses, inhabited by lamas.

Ainsi, sur 108 maisons que compte l'ensemble des sept stations, 88 sont occupées par des lamas, et trois des stations, les plus considérables, sont exclusivement occupées par des lamas.

J. Bernoulli, ouvrage cité, t. III, p. 228, porte à plus de 30 000 le nombre des couvents au Tibet.

[2] Cette constitution, qui rappelle le partage primitif de la Chine entre les huit familles, et aussi le partage des terres acquises par l'endigue-

Les tribus, les familles ainsi mises en jouissance temporaire des terres qui leur sont conditionnellement attribuées, sont tenues au payement — le plus souvent et surtout en nature — de redevances annuelles, dont le bénéfice par escales ascendantes arrive, diminué des parts des ayants droit intervenants, jusqu'au trésor personnel du Dalaï-lama [1].

C'est dans ces conditions de jouissance précaire et limitée, même dans le présent, par la crainte d'une dépossession toujours possible, que se présente au Tibet l'exploitation des terres de culture et de pâture.

Pour les familles coloniales, il n'y a là ni présent qui soit suffisant, puisqu'un travail de préparation partout nécessaire ne l'a pas précédé; ni avenir qui provoque au travail d'assolement à long terme, puisque ici, plus encore que partout ailleurs, l'avenir manque d'essor et d'existence prévue.

Aussi chez les familles coloniales tous les efforts se rétrécissent et s'encadrent dans la stricte actualité, et tandis qu'elles modèrent l'importance de leurs troupeaux au peu de terre que ne dessèchent pas chaque année les chaleurs de l'été, c'est tout au plus si, pour elles-mêmes, et pour satisfaire en nature aux redevances fiscales, elles ensemencent quelques portions de terre en blé, en orge et en sarrasin.

Où l'avenir manque, le travail languit et s'éteint.

Ainsi s'expliquent, par l'imperfection de son régime économique, l'insuffisance de la culture des terres au Tibet; par

---

ment des fleuves, peut relever au Tibet d'une haute antiquité; mais elle paraît avoir été renouvelée au commencement du neuvième siècle de notre ère par le roi Thisrong, intronisé au Tibet à l'âge de treize ans, dans l'année 803 de notre ère. (Conf. Abel Rémusat, *Fra Francesco Orazio della Penna*, p. 38, ouvrages déjà cités; Anquetil-Duperron, *Législation orientale.* Enfin et tout particulièrement dans : *Transactions of the Royal Society of the Great Britain and Ireland; Remarks on the religious and social institutions of the Bouteas or inhabitants of Boutan.* Vol. 11, seconde partie, p. 491 et suivantes.

[1] Il ne faut pas oublier, dans l'appréciation à faire des institutions du Tibet, que le Dalaï-lama est l'incarnation de la divinité. La mort individuelle et le changement de personne ne sont pour la divinité lamaïque qu'un changement d'enveloppe.

l'insuffisance de la culture, l'infertilité du sol ; par l'infertilité
du sol, la disette ; par la disette, la pitoyable nécessité de la pratique de la polyandrie, qui fait la dépopulation systématique.

V

Cette fâcheuse pratique de la polyandrie, qui, en faisant
ainsi la disette des bras au Tibet, contribue, pour une large
part, à l'appauvrissement graduel du sol, est, par surcroît,
aidée dans l'accomplissement de cette triste besogne, par
l'exil au couvent, que s'imposent volontairement et en grand
nombre les femmes de la société tibétaine.

Le 6 avril de l'année dernière, enregistrant cette dernière
observation, j'avais accusé les couvents de femmes au
Tibet d'aider, dans une large proportion, aux méfaits de la
polyandrie[1].

M. de Ujfalvy me reprend sur cette accusation et, tout imbu
qu'il est de la pensée que la polyandrie est une bonne fortune pour le Tibet, il assure que les couvents de femmes ne
renferment qu'un petit nombre de pensionnaires professes[2],
et il nous offre comme exemple les couvents de femmes de
la province du Ladâk, qui, dit-il, ne recèlent dans leur
ensemble pas plus de 6000 pensionnaires.

Je ne sais pas où notre collègue a recueilli cette donnée
statistique, qu'il trouve modérée et que je trouve excessive[3],
mais telle qu'elle est, elle va nous dire cependant à quelle
énorme perte de population cette retraite de 6000 femmes
condamne en dix ans la seule province du Ladâk.

La polyandrie, nous le savons tous, est, pour une seule et

---

[1] Page 271 des *Bulletins*, mars-avril 1882, et p. 35 du tirage à part.

[2] Religieuse, en sanscrit : *bhikchouni*. — Religieux : *bhikchou*.

[3] Moorcroft (*Travels in the Himâlayan provinces*, 1822, t. 1er, p. 320) esti-
mait alors la population du Ladâk à 165000 habitants. Pour Csoma de
Körös, la population du Ladâk ne compte que 20000 familles, et M. Cunningham la porte à 166000 habitants, d'après diverses données qu'il a con-
trôlées. Même sur ce dernier chiffre une proportion de 6000 recluses est
énorme.

même femme, l'usage légitime et, au désir de la loi, exclusivement personnel, de plusieurs maris. Mais comme il est absolument vrai qu'au jeu de la copulation une femme, eût-elle cent partenaires, ne peut acquérir qu'une seule fécondation, il s'ensuit que tous les maris, moins un, d'une femme polyandre, sont des maris surnuméraires.

Dans ces conditions, on ne peut douter que, rendues à la vie civile, les 6 000 recluses des couvents du Ladâk ne trouvent facilement à se pourvoir individuellement de maris, et il n'est pas téméraire de croire que les 6 000 ménages, [montés pour l'action, ne puissent, au terme d'un an, fournir 6 000 naissances.

Les 6 000 recluses des couvents du Ladâk frustrent donc la société civile de cette province de 6 000 naissances possibles au terme d'un an ; pour dix ans, le déficit serait de 60 000.

Je sais bien qu'il y aurait, dans la réalité du fait, beaucoup à rabattre du chiffre de 60 000. Mais ce chiffre de naissances possibles fût-il en fin de compte réduit au tiers, c'est-à-dire à 20 000, il est bien certain que, dans un centre de population aussi clairsemé que le Ladâk, 20 000 absents constituent un fort sensible déficit ; déficit qu'il y a lieu d'imputer directement aux couvents de femmes du Ladâk, dont les méfaits sournois s'ajoutent ainsi aux mécomptes que crée méthodiquement la pratique générale de la polyandrie.

VI

L'autre observation que j'ai à présenter se rapporte, ainsi que je l'ai dit, à J. Klaproth.

M. de Ujfalvy, avec de bonnes intentions, je n'en peux pas douter, a cru devoir nous prémunir contre un trop facile entraînement vers le témoignage de Klaproth, invoqué par moi dans la discussion sur les tribus de l'Asie centrale.

A son avis, le témoignage de Klaproth doit être suspecté ; avec le concours d'un géographe russe, notre collègue a découvert, en effet, que Klaproth, pour parler de contrées qu'il n'a pas personnellement visitées, fait intervenir, comme voyageur, un personnage de fantaisie dont il se charge de préciser les impressions et les découvertes.

Que M. de Ujfalvy me permette de le lui dire, son géographe russe et lui-même ont tout simplement découvert le soleil.

La forme de composition littéraire dont a usé J. Klaproth n'est ni une invention qui lui soit propre, ni un expédient de mauvais aloi. Le procédé d'exposition qui fait parler un acteur imaginaire est de toutes les littératures anciennes et modernes, et l'abbé Barthélemy, qui a précédé Klaproth de trois quarts de siècle, l'a employé, après cent autres écrivains, avec le succès que chacun sait. Chez Klaproth, l'intervention d'un voyageur de convention n'est pas plus compromettante, pour l'exactitude et la véracité des faits avancés, que l'intervention du jeune Anacharsis chez l'abbé Barthélemy.

Klaproth a parlé de choses et de contrées qu'il n'a pas vues par lui-même ; mais s'il ne nous a pas trompés, où est ici le mal ?

D'Anville, qui a fait et refait une à une, avec une compétence que nul ne lui conteste, les cartes de toutes les contrées du monde ancien et du monde moderne, « connaissait, dit Dacier, dans l'éloge qu'il a fait de ce géographe, la terre sans l'avoir vue ; il n'était, pour ainsi dire, jamais sorti de Paris et ne s'en était pas éloigné de plus de quarante lieues ». Et M. Élisée Reclus, sous la plume de qui le monde entier aura bientôt passé, n'est qu'un voyageur sédentaire [1].

Il n'est point d'ailleurs de géographes ou de voyageurs quelque peu encyclopédistes qui puissent, en sûreté de con-

---

[1] Notre collègue M. Elie Reclus me fait observer que son frère Elisée Reclus a voyagé dans l'Amérique du Nord, et M. de Ujfalvy m'annonce que ce géographe vient de partir ou va partir pour l'Asie Mineure. Mon expression de *voyageur sédentaire* est donc trop absolue et pour le passé et pour le présent. Il est bien certain pourtant que M. Elisée Reclus n'a pas étudié sur place toutes les contrées dont il parle dans les huit ou dix gros volumes qu'il a déjà publiés.

science, affirmer avoir examiné en détail chacun des faits ou des objets qu'il fait connaître.

Ce n'est que par tierce information que les détails d'intimité sont connus, et, par exemple, M. de Ujfalvy, qui nous a dénoncé, avec l'entrain charmant de ses causeries humoristiques, les pantoufles des maris tibétains, en bonne fortune matrimoniale, n'affirmerait point, que je croie, avoir vu ces pantoufles en sentinelle à la porte du paradis conjugal.

Elphinstone, qui a signalé le même fait, ne dit point, non plus, avoir vu les pantoufles en faction d'amour, et les commentateurs de Marco Polo, qui mentionnent cette même circonstance, n'engagent point leurs informateurs dans une aussi téméraire affirmation.

Cela dit, pour attester que la parole de Klaproth vaut celle des écrivains et des voyageurs respectables que je viens de citer, je vais passer aux confidences que j'ai à faire sur la pratique de la polyandrie chez les Aryas-Hindous du nord de l'Inde aux premiers siècles historiques de leur existence en corps de nation.

VII

Nous n'avons, en général, que fort peu de détails sur la vie intime des Aryas-Hindous de primitive civilisation, mais sur le fait spécial que je viens d'indiquer, il existe des notions précises et formelles qui ne laissent aucune place au doute.

Ces notions sont d'un caractère tel, qu'elles nous permettent, tout à la fois, d'affirmer le fait lui-même et de prouver que la pratique en était déjà établie de quinze à vingt siècles avant l'éclosion de l'ère vulgaire.

Il ne semble pas toutefois qu'à cette époque reculée la polyandrie existât dans les mœurs à titre d'usage général et recommandé, mais il est certain qu'alors les classes supérieures de l'antique société hindoue en usaient à leur aise et que l'institution de la polyandrie a sa place dans les mœurs comme acte légitime et dûment sanctionné.

Voici sur ce point historique, sur cette pratique d'ordre intime, quelques indications tout à fait circonstanciées.

VIII

Youdhishthira[1] est un nom des plus retentissants dans les fastes de l'Inde antique.

Trois princes ont porté ce même nom. L'un d'eux a régné sur la province du *Couroudésa*, contrée du nord de l'Inde; les deux autres ont régné sur le *Kachmir*.

Le premier est *Youdhishthira-Pandava*[2], l'aîné des fils de *Pandou*. L'époque de son règne, qui peut être de beaucoup antérieure au douzième siècle avant notre ère, semble ne pas pouvoir descendre au-dessous de ce douzième siècle.

Les règnes des deux *Youdhishthira* du *Kachmir*, distants l'un de l'autre de quatre siècles environ, avoisinent l'éclosion de l'ère vulgaire par une distance à peu près égale, soit en deçà, soit au-delà.

C'est du *Youdhishthira-Pandava* qu'il sera question ici, et par conséquent l'épopée polyandrique dont je vais parler relève de son époque et aussi des annales de sa famille.

Ici, en effet, les acteurs ne sont point de ces petites gens qui exploitent en participation les caresses d'une femme pour éviter la multiplicité des dépenses et des enfants, mais bien des princes, des *Kchatriyas*.

Le *Mahâbhârata* signale plusieurs autres cas de polyandrie, mais celui qui est le sujet de cette communication est plus particulièrement en vue dans le grand poème, surtout mieux connu dans les causes et les incidents qui en ont amené la consécration.

C'est dans l'*Adi-parva*, premier livre du *Mahâbhârata*, au chapitre intitulé : le *Swayamvara* — fête pour le choix d'un

---

[1] Ce nom signifie : Ferme sur le champ de bataille; il se traduit en tibétain par : Gyoul-ngor-brtan-pa.

[2] *Pandava* : fils de Pandou.

époux — qu'intervient le récit des faits qui ont procuré, le même jour, cinq maris à une seule princesse.

Voici, abrégé autant que je l'ai pu faire, le récit du poète :

« La fille du magnifique *Yajnaséna*[1], nommé aussi *Droupada*, la brune et belle *Krichnâ Draûupadi*[2], ayant fixé le moment où elle choisira un époux, son père *Droupada* fit annoncer dans toutes les directions et à toutes les cours la fête du *Swayamvara*. »

Pour donner à cette fête plus d'attrait et d'éclat, le roi *Droupada* avait imaginé un concours de force et d'adresse, où le vainqueur serait nécessairement le plus vigoureux et le plus habile des archers.

« Un arc pesant et raide à bander ; cinq flèches à décocher vers un but mobile à abattre ; but au-devant duquel était suspendu un anneau dont les flèches devaient traverser le champ avant de frapper le but. »

Tel était le programme.

La belle *Krichnâ Draûupadi* était l'enjeu du concours, le prix destiné au vainqueur.

Partout l'ambition fut surexcitée. Toutes les cours, prochaines ou éloignées, fournirent de nombreux contingents de compétiteurs, et chacun d'eux se croyait le plus fort et le plus habile.

En ce temps-là — et pour des raisons ici indifférentes — vivaient, retirés dans la forêt *Kâmiaka*, chez le potier *Bhargava*, les cinq fils de *Pandou*, savoir : *Youdhishthira*, *Bhîmaséna*[3], *Ardjouna*[4], *Nakoula*[5] et *Sahadèva*,[6] qui demeuraient là, avec *Kounti*, mère des trois premiers princes[7].

Kchatriyas par la naissance, ces jeunes princes avaient,

---

[1] *Yajnaséna* : celui qui marche à la tête d'une armée de sacrifices.

[2] *Krichnâ* signifie : noir, et *Draûupadi* : fille de Droupada.

[3] *Bhîmaséna* : Redoutable armée ; en tibétain : *Hdjigs sde* .

[4] *Ardjouna* ; qui a obtenu le monde ; en tibétain : *Srid sgroub*.

[5] *Nakoula* : sans famille ; en tibétain : *Rigs med*.

[6] *Sahadèva* : avec un dieu ; en tibétain : *Lhar Bchas*.

[7] La mère de *Nakoula* et de *Sahadèva* se nommait *Madri*.

dans leur retraite, vêtu l'habit de *brahmane*, et, comme les anachorètes, c'est à l'aumône qu'ils demandaient leur subsistance quotidienne [1].

Les cinq frères, en habit de *brahmane*, se rendirent ensemble à la fête du *Swayamvara* de *Draâupadi*. *Ardjouna*, vainqueur au concours, reçut en prime la belle princesse, heureuse d'ailleurs de lui appartenir, et le soir même de la fête, tous ensemble, et malgré de dramatiques incidents, hâtèrent leur retour vers l'habitation de la forêt.

Arrivés à la maison et déjà sur le seuil de la porte, deux des princes annoncèrent *Draâupadi* en ces termes : « Mère, voici l'aumône ! » *Kounti*, alors occupée dans l'intérieur de la maison, répondit sans regarder : « Partagez-la également entre vous. » Puis, en voyant *Draâupadi*, *Kounti*, confuse de sa méprise, s'écria : « Quelle affreuse parole j'ai proférée ! »

Mais cette parole ne put être retirée. *Draâupadi* dut être donnée pour femme aux cinq frères [2], et les exemples à suivre en pareil cas ne firent point défaut.

« *Youdhishthira* fit observer que, dans les temps antérieurs, *Gaâutami*, la plus vertueuse entre les femmes vertueuses, épousa sept *Rishis* [3], et qu'une dryade, fille d'un solitaire, s'unit à dix frères appelés d'un nom commun les *Pratchètasas* [4]. »

Appuyés des légendes et des préceptes que, de son côté, fit intervenir le *Brahmane* saint et sacré *Divaïpayana*, ces exemples décidèrent du sort de *Draâupadi* et légitimèrent sa

---

[1] Le vêtement des anachorètes était fait d'un grossier tissu d'écorce. Ce vêtement couvrait l'épaule gauche et venait s'agrafer sous le bras droit. C'était là l'*Outtara-Sânghati*, vêtement de dessus, le manteau. La *Sânghati* était une sorte de blouse serrée à la taille et descendant jusqu'aux genoux. Il y avait enfin un autre vêtement de dessous, l'*Antara-Vasaka*, sorte de chemise dont on s'enveloppait pour dormir.

Le *panier* et la *bêche* complétaient le costume. L'anachorète devait vivre d'aumônes et de racines.

[2] Le *Mahâbhârata* caractérise *Krichnâ Draâupadi* d'un mot plein de force, d'élégance et d'originalité ; il la nomme, après son union avec les cinq frères : « Le cœur visible des *Pandavas* ».

[3] *Mahâbhârata-Adi-parva*, slokas 7264, 7265.

[4] Même poème, sloka 7266.

quintuple union avec les cinq *Pândavas* (fils de *Pandou*[1]).

Moins complaisant que le commentaire moderne, qui accompagne les écrits de Marco Polo, le *Mahâbhârata* ne dit point comment, dans l'antiquité indienne, s'alternait le service des caresses maritales auprès des femmes polyandres, il ne parle ni de pantoufles ni de lances en vigie de discrétion ; mais, sans laisser soupçonner qu'aucun des maris ait jamais chômé de bonheur, il adapte un fils à chacun d'eux avec des expressions de parfaite certitude qui, si le *Mahâbhârata* dit juste, font rêver pour la régularité[2] du service auprès des femmes polyandres, de l'usage de méthodes circonstancielles dont le secret nous échappe.

Le *Mahâbhârata* affirme que *Draâupadi* a donné, exactement et en suivant l'ordre de primogéniture de ses cinq maris, un fils à chacun d'eux. Elle eut *Prativindhya* de *Youdhishthira*, *Soutasoma* de *Bhîmasêna*, *Çroutakarman* d'*Ardjouna*, *Çatanika* de *Nakoula*, et enfin *Croutasêna* de *Sahadêva*[3].

Sans sortir de la famille de *Pandou*, nous trouvons encore deux femmes polyandres. Ce sont les femmes de *Pandou* luimême : *Kounti* et *Mâdri*.

Pandou, l'époux titulaire de ces deux princesses ; *Pandou*, le pâle ou le lépreux — son nom a cette double signification — avait été frappé d'impuissance par le fait de la malédiction d'un brahmane qu'il avait offensé, et les cinq fils dont il fut le père nourricier sont l'œuvre de cinq lieutenants que, dans leur bienveillance pour sa maison, les dieux prirent soin de mettre en temps utile au service des deux princesses, ses femmes.

IX

Par circonstance et pour compléter ici l'histoire assez originale de la belle *Krichnâ Draâupadi*, je dois ajouter qu'elle

---

[1] Le *Mahâbhârata* représente cette union de Krichnâ-Draâupadi avec les cinq *Pandavas* comme l'exécution d'un engagement pris dans une vie antérieure. (Voir *Mahâbhârata-Adi-parva*, slokas 7319 à 7328.)

[2] Voir le *Mahâbhârata-Adi-parva*, sloka 8046.

[3] *Mahâbhârata-Adi-parva*, slokas 8039 à 8045.

a été un jour enlevée par un adorateur quelque peu brutal ; ce qui n'empêche pas que cette femme aux cinq ou six maris[1], que cette mère aux cinq enfants ne soit, personnellement, une des cinq vierges — *Pantcha-Kanya* — à qui les *brahmanes* adressent journellement d'ardentes prières.

X

Le royaume de *Pantchâla*, sur lequel a régné *Droupada*, le père de *Krichnâ-Draâupadi*, était situé au nord et dans le voisinage du confluent de la *Yamounâ* et de la *Ganga* — le Jumnâh et le Gange. — Le *Harivausa* donne l'étymologie et la raison de ce nom de *Pantchâla*, dans le passage suivant :

« Je te dirai maintenant, ô fils de Bharata, quelle fut, d'un autre côté, la noble race d'*Adjamidha*. Ce monarque eut, de *Nilini*, le prince *Sousanti*. Celui-ci donna le jour à *Pouroudjâti*, et *Pouroudjâti* à *Vahyaswa*. *Vahyaswa* eut cinq fils, pareils à des immortels : *Mondgala*, le roi *Srindjaya*, *Vridichou*, *Yavinara*, l'invincible, et *Crimilâswa*. Ces cinq princes sont, dit-on, suffisants pour la défense des provinces (*pantcha alam*). Telle est l'origine de ce nom de *Pantchâla*[2]. »

Cet Etat s'est aussi nommé *Kanyakoubja*, du nom de sa capitale. Ce mot *Kanyakoubja* est fait de *Kanya*, vierge, et *Kubja*, bossu, par allusion à une ancienne légende d'après laquelle les cent filles de *Kuçanabha*, roi de cette contrée, devinrent bossues par la vengeance de *Vâyu*, dieu des vents, aux désirs amoureux de qui elles avaient résisté[3].

Le *Pantchâla* est un royaume de création aryane des temps anciens. Les lois de Manou en constatent l'existence dans les termes suivants[4] :

---

[1] Kounti en a eu cinq. Car une légende enseigne que Kounti, avant d'épouser Pandou, avait eu de Soûrya, dieu du soleil, un fils nommé *Karna*.

[2] *Harivansa* ou histoire de la famille de *Hari* (*Vichnou-Krishna*), traduction de A. Langlois, t. 1er, 32e lecture, p. 148, 149.

[3] Troyer, *Râdjatarangini*, t. Ier, notes, p. 486.

[4] *Lois de Manou*, liv. II, sloka 19.

« *Kouroukchétra* [1], *Matsya*, *Pantchâla* ou *Kanyakoubja*, *Sou-racénaca* ou *Máthoura*, forment la contrée nommée *Brahmar-chi*, voisine de celle de *Brahmâvarta* [2].

La capitale du *Pantchâla* s'est nommée *Kanyakoubja* [3], d'où semble s'être formé le nom actuel de *Canoge*. Cet Etat de *Pantchâla* est devenu le *Canoge* des temps modernes. C'est un district qui relève aujourd'hui de la province d'Agra.

XI

La province de *Couroudésa*, sur laquelle régna *Youdhish-thira*, est aujourd'hui représentée à peu près exactement par la province de Dehli.

Hastinâpoura [4], sa première capitale, fut un jour emportée par le Gange, et le siège de la puissance royale fut transféré à Côsâmbî, dont on ignore aujourd'hui l'exacte position [5].

Comme le *Pantchâla*, le *Couroudésa* est une des provinces du nord de l'Inde antique.

Ces provinces ont été le théâtre des faits de polyandrie dont il a été parlé.

---

[1] Cette contrée, voisine de *Dehli*, a été le théâtre de la sanglante bataille livrée par les *Pandavas* aux *Côravas*.

[2] L'espace compris entre la rivière *Saraswati* (aujourd'hui *Sarsouti*) et a *Drichadwati* qui coule au nord-est de *Dehli*, jugé digne des dieux, a reçu le nom de *Brahmâvarta*. (Lois de Manou, liv. II, p. 28, 29.

[3] Quand Hiouen-Thsang visita *Kanyakoubja* (vers le milieu du septième siècle de notre ère), cette ville renfermait une centaine de retraites où vivaient environ dix mille religieux bouddhistes. (Stanislas Julien, *Vie et Voyages de Hiouen-Thsang*, t. 1er, p. 111.)

[4] *Hastinâpoura*. Cette ville s'est aussi nommée *Nagasahvaya*. Le premier nom peut lui venir de Hastin, prince de la dynastie lunaire, qui en fut, dit-on, le fondateur ; mais les deux noms *Hastinâpoura* et *Nagasah-vaya* sont synonymes, l'un et l'autre signifient *Ville des Eléphants*.

[5] Wilson pense que Côsâmbî est la même ville que Vatsapattana et que ce n'est plus aujourd'hui qu'un village du district de Goracpore. D'autres affirment qu'il est juste de reconnaître la position de Côsâmbî dans le village de Currah.

Le Ramayana dit que Côsâmbî fut fondée par Cousâmba, fils de Cousa, descendant de Brahmâ.

XII

C'est au *Mahâbhârata* que j'ai emprunté tous les faits de polyandrie que je viens de citer. Par l'attribution que ce poème en fait aux époques antérieures aux rois *Droupada* et *Youdhishthira*, ou à celles qui leur sont contemporaines, c'est, pour cette pratique de la polyandrie, une antiquité qui peut remonter à 2000 ans et qui ne descend pas au-dessous de 1200 ans avant l'ère vulgaire.

Diverses circonstances permettent de croire que nous pourrions accepter ces indications chronologiques comme douées des conditions d'une satisfaisante approximation; mais, pour répondre aux préoccupations exprimées par quelques-uns de nos collègues, je veux bien, dans cette discussion, ramener l'antiquité de cette pratique à l'époque où le *Mahâbhârata*, colligé de toutes parts, a été, par les Pandits[1] de l'antiquité moyenne, présenté en corps d'ouvrage, dans l'état où il nous est parvenu, et je vais, aussi succinctement qu'il me sera possible, chercher à déterminer cette date de présentation.

Dans la préface qu'il a mise en tête de sa traduction du *Ramayana*, Hippolyte Fauche donne à ce poème une antiquité de 3400 ans. « L'auteur de ce poème et son héros, dit-il, vivaient dans le même âge. On dit que Valmiki florissait au moins quinze centaines d'années avant la naissance de J.-C. Ainsi, la grande scène du *Ramayana* s'ouvrait avant la scène plus étroite où les guerriers d'Argos et d'Ilion allaient jouer le drame en dix années qui devait inspirer l'immortelle épopée de l'Occident; ainsi, le sage Rama est antérieur au bouillant Achille ; ainsi, l'anachorète Valmiki précédait l'aveugle Homère de trois siècles dans la vie. »

C'est là, pour le *Ramayana*, un âge assez généralement accepté.

Quelques indianistes ont prétendu que l'auteur présumé

---

[1] Sanscrit : *Pandita*, nom donné au brahmane instruit et capable d'enseigner.

du *Mahâbhârata* fut contemporain de l'auteur du *Ramayana*, et Langlois écrit à ce propos : « Valmiki, dit-on, fut invité à célébrer en vers la querelle des *Pândavas* et des *Côravas*, comme il avait chanté les hauts faits de *Rama;* il s'y refusa. Pârâsara et Vyâsa, son fils, essayèrent quelques vers. Ceux du fils furent approuvés, et Vyâsa devint le chantre des *Pândavas.* Cette anecdote est un conte fondé sur un anachronisme, car on fait Valmiki contemporain de son héros, et Vyâsa n'a pu vivre que plusieurs centaines d'années après lui. »

A ce compte, le *Mahâbhârata* serait du douzième siècle avant l'ère vulgaire.

William Jones, dans la préface de la traduction des *Lois de Manou*, fait descendre à 700 ans environ l'antériorité du *Mahâbhârata* sur l'éclosion de l'ère moderne.

Pour lui, les *Lois de Manou* sont de treize siècles antérieures à notre ère, et les *Purânas*, dont le *Mahâbhârata* fait partie, sont venus 600 ans après les *Lois de Manou*[1].

Eugène Burnouf ne fixe point de date à l'antique composition du *Mahâbhârata*, mais au premier volume de sa traduction du *Bhâgavata-Purâna* (Préface, p. xiv), il dit que « le *Mahâbhârata* est un recueil de récits consacrés par la tradition »; et plus loin (p. xxxii), il ajoute que « le *Mahâbhârata* rappelle les premiers âges de la société indienne. »

Ce sont là des attestations qui relèguent dans la plus lointaine antiquité de l'histoire des Aryas-Hindous la pratique, un instant assez active, de la polyandrie.

Enfin, M. Ph.-Ed. Foucaux, qui a traduit onze épisodes du *Mahâbhârata*, et qui l'a étudié dans toutes ses parties, tient pour certain que, « tel qu'il nous est offert aujourd'hui, le *Mahâbhârata* a précédé notre ère de plusieurs siècles ».

Il n'y a donc, chez les autorités les plus considérables et aussi les plus compétentes, aucun doute sur le fait que le *Mahâbhârata* « tel qu'il nous est offert aujourd'hui, a précédé notre ère de plusieurs siècles ». Il est de plus avéré, ainsi

---

[1] Préface, p. xi.

que le dit Eugène Burnouf, que le *Mahâbhârata* est un recueil de récits consacrés par la tradition et qu'il rappelle les
premiers âges de la société indienne.

Dans ces conditions et sous la protection directe de maîtres entre tous respectables, je suis autorisé à affirmer que
la polyandrie a traversé les mœurs de la société aryane de
l'Inde du Nord ; que la pratique s'en est plusieurs fois répétée
et qu'elle y est intervenue, au moins accidentellement, plus
de douze siècles avant notre ère, chez quelques familles des
classes nobles du monde indien (Brahmanes et Kchatriyas),
et que l'attestation de ce fait, puisé dans le *Mahâbhârata*,
à supposer qu'il faille, pour obéir à des scrupules exagérés,
le ramener, pour toute antiquité, à l'époque où le *Mahâbhârata* a été mis en ordre et complété, dans l'état où il nous
est parvenu, relèverait encore d'un âge qui a précédé de cinq
à sept cents ans la date d'éclosion de l'ère vulgaire.

UN DERNIER MOT A M. DE UJFALVY

I

Répliquant à ma communication du 15 mars 1883, M. de Ujfalvy, avec un grand luxe de citations bien choisies, atteste l'aridité des roches nues du Tibet et l'absence de végétation sur les sommets neigeux de ses plus hautes montagnes, puis il ajoute :

« ... Tous ces passages, que j'emprunte à Elisée Reclus, se rapportent au *Tibet proprement dit*, et non pas aux vallées du versant sud-oriental, situées beaucoup plus bas que les plateaux et recouvertes de forêts immenses. Mais ce n'est pas là que vous placez le peuple qui pratique la polyandrie. »

Evidemment M. de Ujfalvy bataille contre moi sans m'avoir lu ou entendu.

Qu'il veuille donc bien consulter le huitième paragraphe de mon premier mémoire, il y apprendra que, dès le début de notre discussion, j'ai eu soin d'indiquer la contrée où « je place la polyandrie », et que cette contrée relève « des vallées du versant sud-oriental du Tibet ».

C'est en effet à propos de la relation de l'ambassade de Samuel Turner au Tibet en 1783, et sur ce qu'il dit de la pratique de la polyandrie, que s'est engagée la discussion depuis tantôt quinze mois pendante entre M. de Ujfalvy et moi.

Or, Turner — faut-il que je l'apprenne à M. de Ujfalvy — venu au Tibet jusqu'à Teschou-Loumbou [1], résidence du Tes-

---

[1] C'est le sanctuaire lamaïque voisin de Djachi-H'Loumbo (carte de Klaproth, 1836).

chou-Lama, par Rungpur du Bahar et par le Boutan ; puis rentré au Bahar par le même chemin, n'a pu connaître du Tibet que la partie sud-orientale, partie nécessairement habitée par les populations tibétaines chez lesquelles Turner a constaté la pratique de la polyandrie, partie couverte de ces immenses forêts, que m'avait d'abord déniées M. de Ujfalvy.

Et, ce fait acquis, je me croirais complètement d'accord avec M. de Ujfalvy si je n'avais à relever chez lui une petite méprise au moyen de laquelle il met à ma charge une déclaration touchant la situation agraire du Tibet, déclaration absolument contraire à celle que j'ai faite.

Je constate en effet la stérilité qui règne au Tibet, et M. de Ujfalvy m'accuse d'y inventer de vastes espaces labourables pour les besoins de ma thèse : « Nulle trace, dit-il, de ces magnifiques forêts, de ces vastes espaces labourables auxquels M. Beauregard tient si particulièrement pour les besoins de sa thèse. »

Je regrette d'avoir à le faire remarquer à M. de Ujfalvy, mais il est bien certain que, contrairement à ce qu'il écrit, les besoins de ma thèse — pour parler comme lui — exigeaient des espaces stériles, précisément là où il prétend que je place de vastes espaces labourables pour les besoins de ma thèse, et, s'il veut bien se reporter au quatrième paragraphe de ma communication du 15 mars 1883, il y trouvera, après l'exposé des circonstances qui, à mon avis, motivent la stérilité des terres au Tibet, cette conclusion, bien faite pour lui faire regretter sa méprise. Je dis en effet :

« Où l'avenir manque, le travail languit et s'éteint.

« Ainsi s'expliquent, par l'imperfection de son régime économique, l'insuffisance de la culture des terres au Tibet ; par l'insuffisance de la culture, l'infertilité du sol ; par l'infertilité du sol, la disette ; par la disette, la pitoyable nécessité de la pratique de la polyandrie, qui fait la dépopulation systématique. »

Et il n'y a dans ces expressions de disette et de misère rien qui ressemble aux vastes espaces labourables dont

M. de Ujfalvy me reproche de doter le Tibet par amour-
propre d'auteur.

Ce compte de méprise désormais réglé avec M. de Ujfalvy,
je passe à l'étude du compte nouveau que, dans sa libéralité,
il veut bien m'ouvrir gratuitement chez lui.

II

M. de Ujfalvy qui me prodigue son attention a daigné, dans
sa réponse imprimée, clore la série de ses observations par
un conseil, dont je le remercie bien sincèrement, mais dont
il eût pu s'épargner les frais.

« Je me permets aussi, dit en terminant M. de Ujfalvy, de
recommander à M. Beauregard l'ouvrage de Lassen sur l'antiquité des Indes [1], ouvrage qui fait autorité en pareille ma-
tière. Il y verra, sur une carte dressée par les soins de M. Kiepert, au nord-ouest de l'Inde, le pays des Daradas, que Lassen
et Kiepert considèrent comme faisant partie de l'antique
Aryâvarta. »

Il y a beaucoup de bonne intention dans cette amicale invitation de M. Ujfalvy, je n'en doute pas, mais, comme sur
d'autres points de sa réplique, il y a aussi quelque peu à
reprendre. J'y trouve en effet : anachronisme et méprise.

L'anachronisme consiste ici à me venir en aide un peu trop
tard.

Que M. de Ujfalvy veuille bien consulter mon premier mémoire et il y apprendra que, dès l'ouverture de notre discussion, j'ai identifié, comme descendance, les Dardis aux Daradas de l'antiquité sanscrite, et qu'il n'y a pas lieu, par
conséquent, de me rappeler à l'ordre sur ce point. Puis, s'il
lui convient de revoir mon second mémoire, il verra que sur
cette question des Daradas-Dardis j'ai fait bien plus encore.

Je n'ai pas sans doute à faire savoir à M. de Ujfalvy que la
contrée, où vivent aujourd'hui et depuis vingt-cinq siècles

---

[1] Le titre de l'ouvrage de Lassen est : *Indishe Alterthumskunde,* ce qui
signifie : *Archéologie indienne,* et non pas *Antiquité* des Indes.

déjà les Dardis, arrière-petits-fils des Daradas, n'est pour cette antique famille qu'une terre d'adoption. Eh bien, j'ai cru que l'anthropologie avait quelque intérêt à connaître le pays d'origine des Daradas-Dardis, et j'ai tenté de déterminer historiquement la position de leur pays d'origine. Je crois avoir réussi, et je me permets à ce propos de recommander mon second mémoire à M. de Ujfalvy.

III

Mais le pays d'adoption des Daradas-Dardis, situé, comme nous le savons, sur les pentes septentrionales de ce massif de montagnes secondaires qui couvrent le Kachmir vers le nord, a-t-il été jamais compris dans les limites de l'Aryâvarta?

M. de Ujfalvy avance « que Lassen et Kiépert considèrent le pays des Daradas comme faisant partie de l'antique Aryâvarta ».

Je crois qu'il y a méprise de la part de M. de Ujfalvy ; en tous cas, je n'hésite pas à affirmer que le pays des Daradas-Dardis n'a jamais fait partie de « l'antique Aryâvarta ».

Le mot sanscrit : *Aryâvarta*, est un composé qui signifie : contrée sainte, pays de noblesse ; il comporte l'idée de séjour de prédilection, et n'a jamais été appliqué qu'à l'ensemble des contrées hindoustaniques conquises par les Aryas sur les indigènes sauvages qu'ils refoulaient devant eux.

Les limites les plus étendues de cette terre de prédilection n'ont jamais dépassé, à l'est, la mer orientale, c'est-à-dire le golfe du Bengale ; au midi, les monts Vindhya ; à l'ouest, la mer occidentale, qui est la mer Arabique ou golfe d'Oman; au nord, lés crêtes de l'Himalaya [1].

Ces limites, que trace solennellement le livre de Manou, laissent le pays des Daradas-Dardis en dehors de l'Aryâvarta, et cette exclusion, topographiquement infligée aux Daradas,

---

[1] *Lois de Manou*, liv. II, 21, 22.

se complète au livre sacré par le soin qu'il prend de reléguer les Daradas parmi les étrangers, les Barbares (Mletchhas), et par l'étiquette de Dasyous (race maudite, voleurs) qu'il leur applique [1].

La position extra-himalayenne du pays des Daradas nous est d'ailleurs historiquement acquise et garantie. Je trouve dans la Râdjataranginî une double comparaison qui en témoigne d'une façon irrécusable.

« L. V, slo. 152 : Ce prince (Thakkiyra) se trouve entre le roi de Darat et celui de Turuchka, entre un lion et un sanglier, de même que le pays d'Aryâvarta (est situé) entre les montagnes de Himavat (Himalaya) et de Vindhya. »

Comme définition topographique, l'ensemble de ce texte, quant au pays des Daradas, ne laisse pas de place au doute. Le pays des Daradas y est stigmatisé et exclus de l'Aryâvarta.

Par quelle passe ignorée Lassen a-t-il pu faire entrer le pays des Daradas dans l'enceinte réservée de l'Aryâvarta [2] ? je n'en sais rien, mais je sais que M. de Ujfalvy se méprend quelquefois.

---

[1] Même ouvrage, l. X, 44, 45.

[2] Je ne connais pas l'ouvrage (en 4 vol.) de Lassen que cite M. de Ujfalvy, mais dans son livre *De Pentapotamia indica commentatio Geographica atque Historica,* c. II, Lassen s'occupe des Daradas-Dardis et ne parle point d'en faire des Aryas. Voici du reste comment il s'en exprime : *Daradi, ut hoc obiter moneam, gentis fuit nomen, tractum montanum Casmiræ ab occidente adjacentem inhabitantis ; hodie Dardi vocantur, nec nomine diversi sunt a Derdis, dequibus fabulatus est Megasthenes.*

Quant à Kiepert, sa carte : *Orbis terrarum Antiquis notus,* ne peut avoir, pour la haute Asie, que l'exactitude relative de toutes les cartes de même ordre. Cette carte ne constate d'ailleurs que l'état de choses au second siècle de l'ère moderne *(altero post Christum a seculo)* et ne fournit, comme toute les cartes de la haute Asie, que des positions approximatives et toujours quelque peu vagues.

TABLE DES MATIÈRES

www.ingramcontent.com/pod-product-compliance
Ingram Content Group UK Ltd.
Pitfield, Milton Keynes, MK11 3LW, UK
UKHW020841120726
13693UKWH00002B/761